AF145925

Wilhelm Manchot

Kloster Limburg an der Haardt

Wilhelm Manchot

Kloster Limburg an der Haardt

ISBN/EAN: 9783744609982

Hergestellt in Europa, USA, Kanada, Australien, Japan

Cover: Foto ©Lupo / pixelio.de

Weitere Bücher finden Sie auf **www.hansebooks.com**

KLOSTER LIMBURG

an der Haardt.

Eine bauwissenschaftliche und geschichtliche Abhandlung

von

W. MANCHOT

Architekt.

—∞—

Herausgegeben vom

Mannheimer Altertums-Verein.

Mit 54 Textillustrationen und 7 Tafeln, wovon 6 doppelte.

Mannheim 1892.

Kommissionsverlag von Ernst Wasmuth, Architekturbuchhandlung, Berlin
Markgrafenstrasse 35.

Inhaltsverzeichnis.

Druck von J. Benz Erben, Esslingen.
Holzschnitte von Ad. Class in Stuttgart.
Lichtdrucke von J. Schober in Karlsruhe.

Verzeichnis der Abbildungen.

Figuren im Text.

Vorwort.

Von allen Perioden der Baugeschichte ist kaum eine in der einschlägigen Litteratur so stiefmütterlich behandelt wie die der romanischen Baukunst in Deutschland. Es hat dies zunächst wohl darin seinen Grund, dass verhältnismässig wenige Bauten jener Epoche und namentlich fast keine Profanbauten auf uns gekommen sind. Verheerende Kriege und der Übereifer der nachfolgenden gotischen Periode wetteiferten in der Zerstörung unserer romanischen Baudenkmale, und so ist es denn gekommen, dass das zur Beurteilung vorliegende Material ein äusserst lückenhaftes ist. Aber immerhin, welch' ausserordentliche Schätze birgt dieses Material, und wie sehr entbehrt es noch der allgemeinen Würdigung, die es verdient!

Eine weitere Ursache der ungenügenden Beachtung unserer romanischen Baudenkmale ist auch darin zu suchen, dass wir seit der Renaissancezeit an eine einseitige Bevorzugung aller antiken Traditionen gewöhnt sind und uns den freien Blick für unsere eigene, nationale Kultur getrübt haben. Wo sollte auch der Deutsche bei der früheren Ohnmacht und Zerrissenheit seines Vaterlandes Nahrung für nationales Denken und Empfinden hernehmen?

Seit Kaiser und Reich wieder erstanden, seit das urdeutsche Elsass wieder mit uns vereinigt ist, hat sich auch hierin ein erfreulicher Wechsel vollzogen, und es ist gewiss nicht zufällig, dass in neuerer Zeit eine Anzahl unserer verdientesten Fachmänner und kunstgeschichtlichen Schriftsteller sich der romanischen Baukunst in ganz hervorragender Weise angenommen haben; es sei unter anderem hier nur auf die Arbeiten von Adler, Lübke, Otte und Schnaase verwiesen. Der eng begrenzte Rahmen kunstgeschichtlicher Darstellungen schliesst es jedoch von selbst aus, so in das Detail einzudringen, wie es für die Kenntnis jener ausgezeichneten Epoche nötig erscheint; andererseits fehlt es hierzu noch fast vollständig an zuverlässigen Grundlagen, denn nur vom allerwenigsten existieren genaue Aufnahmen. Aber solche sind die unerlässliche Vorbedingung, und zwar ist mit Aufnahmen, die nur die formale Seite behandeln, keineswegs gedient, sondern die technisch konstruktive Seite muss gleichermassen berücksichtigt werden, da durch letztere manch ungeahnter Aufschluss gegeben, namentlich aber auch einer missverstandenen Auffassung geschichtlicher Überlieferungen erfolgreich entgegengearbeitet wird.

Für solche Studien bieten vor allem das Elsass und die Pfalz noch bedeutendes, vielfach ungeahntes Material. Bekannter sind die romanischen Bauten am Rhein und in den Stammlanden der sächsischen Kaiser; aber auch sonst finden sich zerstreut noch manche Kleinode romanischer Architektur vor, wie z. B. die Ruinen des Barbarossa-Palastes in Gelnhausen, die Burg Münzenberg i. d. Wetterau u. a. m. Sie auf Grund zuverlässiger Aufnahmen zu sammeln, und alle in einem einheitlichen, gross angelegten architektonischen Werke zu vereinigen, wäre eine des Gegenstandes und der deutschen Nation würdige That. Erst dann würde so recht klar vor Augen treten, wie sehr die Architektur, diese treueste Begleiterin aller menschlichen Kultur, auch hier das treue Abbild ihrer Zeit ist. Während uns in der schlichten Hoheit und ächten Monumentalität der romanischen Kirchen und Dome die ganze jugendfrische Kraft und Macht der frühen Kaiserzeit vor die Seele tritt, atmen die Burgen und Schlösser die ganze Romantik der Minnesängerzeit; in jeder Gestalt offenbart sich der poetische Zauber ächt deutschen Gemütes und nimmt dadurch unser eigenes Wesen unwiderstehlich gefangen.

Wenn es mir gelingen sollte, das Interesse für eine so hoch gestellte Aufgabe durch nachfolgende Abhandlung anzuregen, und wenn letztere selbst als ein gesunder Baustein zu einem solchen Werke befunden würde, dann wäre der Zweck dieser Arbeit erreicht und meine jahrelange, durch widrige Umstände aller Art öfter unterbrochene Beschäftigung mit diesem Gegenstande nicht vergeblich gewesen.

Zum Schlusse ist es mir eine angenehme Pflicht, für vielfache Anregung und Förderung meiner Arbeit, welche mir nicht nur hier und in der Pfalz, sondern auch auf meinen diesbezüglichen Studienreisen nach Stablo-Malmédy, dem Elsass und nach Luzern, entgegengebracht wurde, aufrichtigen Dank zu sagen. Namentlich aber möge es mir gestattet sein, den Herren Hofrat Prof. Dr. Zangemeister und Prof. Dr. Wille in Heidelberg für deren lebhafte und erfolgreiche Unterstützung meiner dortigen Bibliotheksstudien, sowie Herrn Prof. Karl Baumann dahier für die liebenswürdige Übernahme des mühevollen Korrekturlesens den herzlichsten Dank auszusprechen.

Mannheim, 5. November 1891.

W. Manchot.

Einleitung.

Wohl wenige Gegenden Deutschlands vermögen eine solche Menge
Ruinen von Burgen und Klöstern auf dichtgedrängtem Raume aufzuweisen
wie die Rheinpfalz. Günstige geographische Lage, verbunden mit alter Kultur,
hatten dieselbe Jahrhunderte hindurch zum Mittelpunkte bedeutsamer geschichtlicher Ereignisse emporgehoben; Macht- und Würdenträger stritten von alters-
her um den Besitz dieses durch Lage, Bodenbeschaffenheit und Klima gleich
ausgezeichneten Landstriches. Schon in frühester Zeit war derselbe als natürlicher Stützpunkt für Befestigungen aller Art gesucht. Allenthalben stösst
man auf Reste von keltischen, römischen und germanischen Befestigungs-
werken, welche später durch mittelalterliche abgelöst wurden.

Solch ein uralter Befestigungspunkt war das Bergplateau, auf welchem
sich die Ruinen des Klosters Limburg befinden. Von dem Altertumsverein
in Dürkheim a. H. geleitete Nachgrabungen haben daselbst mannichfache
praehistorische Funde zu Tage gefördert und den Beweis erbracht, dass
dieses Bergplateau ebenfalls Kelten, Römern und Franken zu festem Stütz-
punkte diente.

Die eigentümliche Lage des Berges lässt denselben zur Anlage von
Befestigungen wie geschaffen erscheinen. Halbinselförmig lagert er sich
in das Isenachthal hinaus, welches von Dürkheim a. H. an über Hartenburg,
Frankenstein und Kaiserslautern die uralte Heerstrasse nach Lothringen
bildet. Gerade am Fusse des Berges macht das Thal eine fast halbkreis-
förmige Krümmung (vergl. den Situationsplan, Taf. I.), so dass genannte
Heerstrasse durch den Besitz jenes Bergplateaus gesperrt wird.

Mit dieser fortifikatorisch äusserst günstigen Lage verbindet nun der
Ort die Reize einer selten schönen Landschaft. Das Plateau erhebt sich
gegen 100 Meter über die Thalsohle. Nach Norden und Westen hin blickt

man in das Isenachthal mit seinen bewaldeten Höhen, von welchen sich nördlich der sogenannte Schlammberg durch seine gewaltige Ringmauer — die Heidenmauer genannt — besonders auszeichnet. Nach Nordwesten erhält das Thal seinen Abschluss durch die Ruinen der Leiningischen Burg Hartenburg, während nach Osten und Südosten zu das Thal sich öffnet und einen wunderbaren Fernblick über die Rheinebene gestattet. Am Horizonte begrenzen die Berge des Odenwaldes und Schwarzwaldes das prächtige Panorama (vergl. Fig. 5, S. 13).

Fig. 1 Siegel Kaiser Konrads II. aus dem Jahre 1025. Original im Königl. allgemeinen Reichsarchiv zu München.

Es darf daher nicht Wunder nehmen, dass ein von der Natur so reich ausgestatteter Ort von den Ersten und Mächtigsten des Landes als Sitz erkoren wurde. Die ältesten geschichtlichen Nachrichten teilen uns denn auch mit, dass sich bereits im X. Jahrhundert eine Burg der rheinfränkischen Herzöge — auch „Herzöge von Worms" genannt[1] — auf demselben befand, welche den Namen Lintpurg führte.[2] Einer der bedeutendsten Abkömmlinge dieses Geschlechtes wurde im Jahre 1024 als Konrad II. zum deutschen König erwählt. Dieser Konrad II. der Begründer der salischen Dynastie, seit 1027 römischer Kaiser, war der Stifter der Abtei Limburg, welche er an der Stelle seiner Stammburg errichten liess.

[1] Prutz, Staatengeschichte des Abendlandes im Mittelalter I., S. 292 (Oncken II., 6).
[2] Über die Entstehung des Wortes Lintpurg vergleiche K. Christ in der Monatsschrift für die Geschichte Westdeutschlands V., 453—460, 486—490, VI., 273 und 585.

Geschichte des Klosters.

Nach einer weit verbreiteten Sage hätte Konrad II. die Stiftung des Klosters zur Rettung der Seele seines Söhnchens, welches infolge eines Sturzes auf der Limburg gestorben sei, gelobt. Diese Sage ist jedoch durch nichts verbürgt.[1] Näher liegend erscheint eine andere Lesart, wonach Kaiser Konrad aus Dankbarkeit gegen Gott für die ihm durch seine Erwählung zum deutschen Könige erwiesene Gnade seine Stammburg dem Dienste des Allerhöchsten weihte.

Konrad II. folgte hiermit in gewissem Sinne einem Zuge seiner Zeit. Ähnlich wie Heinrich I. die Thronbesteigung seines Geschlechtes, der sächsischen Dynastie, durch Gründung des Familienklosters zu Quedlinburg verherrlicht hatte,[2] mochte Konrad sich veranlasst fühlen, durch Gründung eines Familienklosters auf seinem heimischen Boden die Thronbesteigung seines Hauses zu feiern, ein Gedanke, den er später in noch gross-

[1] Vergl. Giesebrecht, deutsche Kaisergeschichte II., 637 ff.
[2] Vergl. Bresslau, Jahrbücher des deutschen Reichs unter Konrad II., II., 383 ff.

1

artigerer Weise durch die Erbauung der salischen Königsgruft, des Domes zu Speyer, zum Ausdruck brachte. Bei der Gründung von Limburg mögen wohl noch andere Beweggründe mitgewirkt haben, die um Vieles verständlicher werden, wenn man die dabei zunächst beteiligten Personen etwas näher ins Auge fasst.

Kaiser Heinrich II., Konrads unmittelbarer Vorgänger auf dem deutschen Königsthrone, hatte im Jahre seiner Thronbesteigung, 1002, eine ähnliche Stiftung gemacht, und zwar aus chemals salischem Besitze. In Worms befand sich eine Burg der Salier; diese brachte Heinrich II. durch Tausch mit Konrads II. Ahnherrn Herzog Otto in seinen Besitz und schenkte dieselbe nebst zugehörigem Allodialgute dem Bischofe Burkhard I. zu Worms zur Errichtung eines Klosters.[1] Nun war genannter Bischof Burkhard I. auch der Erzieher des früh verwaisten Kaisers Konrad, der durch ein Testament seines Grossvaters benachteiligt war und von Burkhard als Prätendent seines väterlichen Erbes erzogen wurde.[2] Dass Bischof Burkhard dabei sich und seine Kirche nicht vergass, ist mindestens sehr wahrscheinlich. Zieht man noch weiter in Betracht, dass Konrad seine Erwählung zum deutschen Könige vorzugsweise der Bethätigung der Bischöfe Burkhard von Worms und Aribo von Mainz zu verdanken hatte, endlich auch Konrad und seine Gemahlin Gisela wegen ihrer Ehe auf die Nachsicht der Kirche zu rechnen hatten, da dieselbe der bestehenden Verwandtschaft wegen nach kanonischem Rechte unzulässig war, so finden sich im Zusammenwirken aller dieser Momente so viele natürliche Beweggründe für des Kaisers Stiftung, dass man billigerweise auf die Sage von dem Tode seines Söhnchens verzichten darf.

In dem von Konrad II. im Jahre 1035 ausgestellten Dotationsbriefe heisst es nur: „Qualiter ego Chunradus, una cum Gisela Imperatrice, coniuge nostra, pro remedio animae nostrae, ad hoc templum quod ad gloriam et laudem Dei construximus"[3] etc. etc.

In ähnlicher Weise ist der Gründungstag des Klosters von der Sage umwoben. Nach einer weit verbreiteten Annahme hätte Kaiser Konrad am

[1] Auf dieser Stelle wurde das Kollegiatstift zu St. Paul erbaut, dessen Kirche — heute Museum — noch Bestandteile aus jener Zeit aufweist, vergl. Wagner-Schneider, Die ehemaligen Stifte im Grossherz. Hessen II., 452. F. Schneider, Die St. Paulskirche zu Worms 1891, S. 3. — R. Kehrenbacher, Beiträge zur Kenntnis der Architektur des Mittelalters.

[2] H. Prutz, Staatengeschichte des Abendlandes im Mittelalter I., 284 ff. (Oncken II., 64.)

[3] Würdtwein, Monasticon Palatinum I., 85.

12. Juli 1030 bei Tagesanbruch den Grundstein zur Limburger Kirche gelegt, sei alsdann nach Speyer geritten und habe am gleichen Tage die Grundsteinlegung zum Dome und der Johanniskirche daselbst vollzogen.

Abgesehen davon, dass bei der räumlichen Entfernung zwischen Limburg und Speyer eine solche dem Kaiser zugemutete Kraftleistung kaum möglich erscheint, ist auch mittlerweile geschichtlich nachgewiesen, dass diese Erzählung auf einem Irtume beruht, denn der Kaiser lag im Juli 1030 im Felde in Ungarn.[1]

Ladewig[2] hat in seinen Untersuchungen sehr nahe gelegt, dass das Jahr 1025 das Gründungsjahr der Limburger Kirche war. Breslau schliesst sich dieser Annahme an mit der weiteren Vermutung, dass dies am 12. Juli des genannten Jahres geschehen sei. Auch Würdtwein[3] beruft sich bereits auf Ekkehards Chronik, die das Jahr 1025 als Gründungsjahr des Limburger Klosters angiebt. — Dieser Annahme ist um so mehr beizupflichten, weil nicht nur die allgemeine Vermutung nahe liegt, dass der Kaiser seine Schenkung bald nach seiner Erwählung bewerkstelligte, sondern hauptsächlich

[1] Breslau sagt in seinen Jahrbüchern des deutschen Reiches unter Konrad II, II., 383 wörtlich: „Zwar das Jahr, das zuerst von Johannes von Mutter dafür angegeben wird (Böhmer, Fontt. IV., 333), hat ebenso wenig wie dessen sonstige chronologische Angaben für die ältere Zeit (vergl. Bd. I., 465 ff.) irgend welche Gewähr für sich; mit Recht hat insbesondere Kusch a. a. O. S. 16 darauf hingewiesen, dass der Kaiser unmöglich am 12. Juli 1030 in Speyer gewesen sein kann, da er eben damals auf dem Feldzuge gegen Stephan in Ungarn eingedrungen war (vergl. Bd. I., 308). Weiter ist auch die Verbindung, in welche die Nachricht mit der Geburt Heinrichs III. bereits in der ältesten Quelle, in der sie auftritt, dem Chron. Spirense des Ordo minor, gebracht wird (S. S. XVII., 82, Böhmer, Fontt. II., 131; gratia Henrico tertio [Counradus] vigilia Margarete erexit primarium lapidem Limpurc et jejunus venit Spiram et erexit ibi primarium ad majorem ecclesiam et ad sanctum Johannem evangelistam), selbstverständlich ganz unbegründet und der ganze Angabe von der dreifachen Grundsteinlegung an einem Tage, wie Giesebrecht mit Recht ausgeführt hat, lediglich sagenhaft. Aber ebenso gewiss ist es, dass der Tag in der Geschichte der drei Kirchen eine Rolle gespielt hat; am 13. Juli wurde der Kaiser begraben, und nicht ohne grosse Wahrscheinlichkeit hat Giesebrecht vermutet, dass der Tag auch sein Geburtstag war. Eben darum ist es aber nicht unmöglich, dass gerade an diesem Tage auch die Grundsteinlegung der drei Kirchen, nur nicht in einem und demselben, sondern in verschiedenen Jahren, erfolgte. Denn 1025, wo der Kaiser am 8. Juli in Strassburg, am 14. aber in Speyer urkundete, kann es sehr wohl am 13. in Limburg gewesen sein. Dass aber in dies Jahr die Gründung fällt, hat Ladewig a. a. O. sehr wahrscheinlich gemacht; das Kloster wird in der Vita Popponis cap 19 ausdrücklich als dasjenige genannt, welches dem Abt von Stablo zuerst von Konrad übergeben worden sei, und was ganz besonderer Bedeutung erscheint, dass Ekkehard in der letzten Recension seiner Chronik (F, vergl. S. S. VI., 195, 13) seinen früheren Bericht so ändert, dass er die Gründung von Limburg bereits in das erste Regierungsjahr Konrads verlegt, eine Änderung, die doch sicherlich nicht ganz grundlos vorgenommen ist. Auch dass Konrad Weihnachten 1025 in Limburg verzubringen beabsichtigt habe, hat Ladewig wohl mit Recht aus Ann. Hildesheim. min. geschlossen (vergl. darüber Excurs I., S. 1) der Besuch würde dann der Besichtigung des begonnenen Baues gegolten haben"

[2] Ladewig, Poppo von Stablo und die Klosterreformen unter den ersten Saliern. (Berlin 1883.)

[3] Würdtwein, Mon. Pal. I., 34.

auch deshalb, weil nur mit einem früheren Gründungsjahr sich die späteren baugeschichtlichen Daten und bautechnischen Untersuchungen in Einklang bringen lassen.

Über den weiteren Verlauf des Baues sind die Nachrichten leider auch nur spärlich. Bekannt ist, dass der Kaiser die Aufsicht über den Bau und die vogteilichen Rechte auf Limburg dem Bischof Walther von Speyer (1004—1031) übertrug,[1] alsdann dessen Nachfolger Bischof Siegfried, der indes schon binnen Jahresfrist starb (im Januar 1032). Diesem folgte Bischof Reginger, mit welchem der Kaiser am 21. Februar 1032 auf der Limburg war, wohl um sich vom Fortgange der Bauten zu unterrichten und neue Weisungen zu erteilen. – Bei dieser Gelegenheit schenkte der Kaiser dem Bischofe die Abtei Schwarzach unter der ausdrücklichen Bedingung, dass der Bischof der neugegründeten Abtei Limburg seinen Schutz zuwende und deren Rechte nach bestem Willen und Wissen schütze. In der hierüber ausgefertigten Urkunde[2] spricht der Kaiser von der schon erbauten Abtei des vorgenannten Ortes Limburg, woraus zu schliessen ist, dass die Abteigebäude in diesem Jahre schon vollendet waren. Da der wenige Wochen vorher verstorbene Bischof Siegfried von Speyer von Kaiser Konrad einen Schirmbrief für das Hochstift Speyer erhielt,[3] der ebenfalls aus dem Jahre 1032 und von der Limburg aus datiert ist, so scheint der Kaiser zu jener Zeit bereits längeren Aufenthalt auf der Limburg genommen zu haben. Ebenso weilte der Kaiser im August des Jahres 1033 längere Zeit auf der Limburg.[4] Im Jahre 1034 waren die Bauten soweit vorgeschritten, dass die Klosterverfassung in Wirksamkeit treten konnte. Zu diesem Behufe berief der Kaiser den Abt Poppo von Stablo[5] und übertrug ihm die Abtswürde auf Limburg. 1034. Poppo installierte zwölf Mönche und begann mit denselben die

[1] Vergl. Simonis, Beschreibung aller Bischöfen zu Speyer, S. 38. Remling, Urkundl. Geschichte der ehemaligen Abteien und Klöster in Rheinbayern I, S. 117. Frey, Geographische historische Beschreibung des K. bayr. Rheinkreises II, S. 413).

[2] Vergl. Würdtwein, Mon. Pal. pag. 31; die betreffende Stelle heisst .... Regingero Spirensi Episcopo et Ecclesiae, cui ipse Deo donante praesidet, suisque successoribus Abbaciam Suarzaham vocatam, sitam in pago Mortenowa, in Comitatu Bertholdi cum omnibus ad eandem pertinentibus .... in propriam tradidimus et tenere, ut praefatus Episcopus suique successores amodo et usque in sempiternum Abbatie a nobis in praefato loco Limburg constructae et in Episcopio suo vitae misericordes Defensores. Adiutores contra omnes homines per posse atque nosse ad justiciam existant .... Datum X. Kal. Marci. Indictione XV. Anno Dominicae Incarnationis MXXXII." (11. Februar 1032).

[3] Simonis a. a. O., S. 17. Frey a. a. O., S. 114. Würdtwein a. a. O., S. 31.

[4] Bresslau a. a. O. II, 386.

[5] Siehe II. Teil.

4

Ausübung der Klosterverfassung. Am 16. Februar 1035 wurden die drei
Altäre in der Krypta geweiht,[1] und zwar der mittlere durch den Erzbischof Pilgrim von Köln, der links davon gelegene durch Bischof
Azecho (Hachezo) von Worms zu Ehren des hl. Kilian und der rechte
durch Bischof Reginbald von Speyer zu Ehren der hl. Agathe.[2] Kaiser
Konrad wohnte dieser Feier mit grossem Gefolge bei und stellte bei
dieser Gelegenheit dem Kloster den schon oben erwähnten Dotations-
brief aus. Es erhielt die Orte Dürkheim, Wachenheim, Schifferstadt,
Grethen und in der Wetterau Eichen, Sindlingen, Feuerbach und Sulzbach zum Eigentume nebst allen Rechten und Nutzniessungen, wie sie
seither die rheinfränkischen Herzöge dort inne gehabt hatten.[3] Diese
mit solchem Gepränge veranstaltete Weihe samt der soeben erwähnten
Dotation entsprach sicherlich einem hervorragenden Abschnitt der Baugeschichte der Kirche; man wird daher auch im Zusammenhange mit
späteren Daten nicht fehl gehen, wenn man annimmt, dass zu diesem
Zeitpunkt die Kirche in ihrer äusseren Erscheinung fertig, also „im
Rauhen" unter Dach stand.[4] Auch die auf Poppos Vorschlag 1035

---

[1] Vergl. Trithemius, Annal. Hirsaug. I., 171. Bucelin a. a. O. II, 386 und 387. Mabillon, Ann. ord. St. Benedikti IV., 371.

[2] Würdtwein a. a. O. I., 41. Lehmann, Dürkh. Thal, S. 171. Remling a. a. O. 118. Auffallender weise ist nirgends angegeben, zu wessen Ehren der mittlere Altar geweiht wurde. Vermutlich geschah dies zu Ehren der hl. Maria. Trith. sagt in seinen Annal. Hirsaug. I., 170, dass nach Kaiser Konrads Wunsch die Kirche zu Ehren der „hl. Maria, Mutter Gottes" und zu Ehren des „lebenspendenden Kreuzes" geweiht werden sollte. Dass die Kirche thatsächlich der hl. Maria geweiht war, geht ganz zweifelfrei aus einem Briefe Limburger Mönche (a. 1047) an diejenigen von St. Vincenz zu Metz hervor, (vergl. Mabillon, Annal. ord. Benedicti IV., 372). Die betreffende Stelle lautet: „Hic ex addita veneratione, nostrum templum in honore sanctae crucis et sanctae Mariae semper virginis, et sancti Johannis Evangelistae est dedicatum" und wird ausserdem durch die Inschriften des Limburger Konventssiegels bestätigt. Das-selbe lautet: „Sigillum.) Conventus S. Marie in Lyngensib." auch ist auf dem Konventssiegel Maria mit dem Christuskinde abgebildet, vergl. Fig. 4. S. 9.

[3] Würdtwein a. a. O. I., 85. Diese Urkunde enthält auch sehr eingehende Bestimmungen über die zukünftigen Rechtsverhältnisse der in jenen Orten ansässigen Leute und entwirft ein überaus trauriges Bild von dem jammervollen Dasein der damaligen Leibeigenen. Männer und Frauen haben Zins zu zahlen und wöchentliche Frohnarbeiten zu leisten. Stirbt der Mann einer Familie, so ist das beste Stück Vieh („Besthaupt"), stirbt die Frau, deren schönstes Kleid dem Abte zuzuführen. Unverheiratete Kinder kann der Abt nach seinem Belieben in Küche, Backstube, Stall oder Waschhaus verwenden, verheiratete Männer nötigen, sobald der Abt es verlangt, ihm als Fruchtanbeher, Förster etc. etc. dienen. — Die besonderen Gerechtsame der Abtei Limburg waren alle in der sogenannten Limburgischen „Rotel" (rotula) enthalten. Über deren Bestimmungen, beziehungsweise die Rechte eines Abtes zu Limburg, vergl. Jac. Grimm, Weisthümer V., 583—601 und auch I., 572, 783—88.

[4] Der Kaiser spricht in genannter Urkunde ausdrücklich von dem schon erbauten Tempel; siehe oben S. 4.

1035 erfolgte Wahl des zweiten Abtes Johann, eines Neffen Poppos, steht sicherlich hiermit in Beziehung. [1]

Johann war vor seiner Limburger Berufung Abt in St. Maximin bei Trier, dessen Verwaltung er auch ferner beibehielt. Er entsprach jedoch nicht den Wünschen seines Oheims, sondern machte sich von letzterem unabhängig, so dass Poppos Einfluss auf das Limburger Kloster ganz aufhörte. Johann starb schon binnen Jahresfrist. Die nun folgenden Äbte:

1035–1038. Gumbert, Hagano und Godestin waren Poppo gar ein Greuel, da sie nicht nur ohne sein Wissen und seine Einwilligung die Abtswürde übernahmen, sondern auch in offenbarem Gegensatz zu ihm standen. Ihr früher Tod wird in der Vita Popponis als Strafe des Himmels für solchen Frevel bezeichnet. Dieses Auflehnen gegen Poppos Einfluss scheint einerseits mit dem immer wieder hervortretenden heftigen Widerstand der deutschen Geistlichkeit gegen die Cluniacenser Reform zusammenzuhängen, anderseits ist aber auch daraus ein Nachlassen des kaiserlichen Interesses an dem Limburger Kloster ersichtlich, und wird dieser Umstand hinreichend erklärt durch den bald nach der Gründung des Limburger Klosters begonnenen grossartigen Bau der kaiserlichen Grabeskirche, des Domes zu Speyer.

Nach Godestins Tode im Jahre 1038 gelangte Poppo von Stablo wieder zu Einfluss. Seiner unermüdlichen Sorge ist es wohl zu verdanken, dass von nun an das Limburger Gotteshaus Schritt für Schritt seiner Vollendung entgegengeführt wurde.

1038. Durch Poppos Vermittlung wurde zunächst im Jahre 1038 Arnold oder Arnulfus, ein geborener Graf von Valkenberg, zum Abte von Limburg eingesetzt. Er war im Kloster Lorsch erzogen, ein thatkräftiger Mann, der rasch von einer Stufe der Ehre zur andern stieg. So wurde er Abt zu Weissenburg, Limburg, Corvey und Lorsch und im Jahre 1051 Bischof von Speyer. Im Jahre 1038 starb Königin Kunigunde, die erste Gemahlin Heinrichs III., und wurde, da offenbar die Speyerer Gruftkirche noch nicht vollendet war, in der Limburger Kirche begraben. [2] Im

---

[1] Als Poppo pflegte die ihm übertragenen Klöster nur so lange selbst zu verwalten, bis die cluniacenser Reform eingeführt war, und nachher seine Schüler und Anhänger zu Nachfolgern in Vorschlag zu bringen.

[2] Die Angabe Ladewigs a. a. O. S. 81, dass schon 1034 des Kaisers Tochter Mathilde hier begraben sei, ist nach Breslau a. a. O. II. S. 103 und 386, irrig. Mathilde wurde vielmehr im Petersdom zu Worms, der alten Abteigruft des sächsischen Hauses, bestattet.

8

Dezember desselben Jahres besuchte der Kaiser die Limburg zum letzten-
male und liess dort eine Synode zur Bestimmung der Adventszeit ab-
halten. Im folgenden Jahre am 4. Juni 1039 starb Konrad II. in Utrecht
und wurde am 12. Juli in der Krypta des Domes zu Speyer begraben.
Nach Simonis (a. a. O. S. 40) hätte der Kaiser sterbend seinem Sohne
und Nachfolger Heinrich III. die Vollendung seiner Bauten zu Speyer
und Limburg ans Herz gelegt. Heinrich III., bei welchem sich eine
solche vom Vater auferlegte Pflicht mit seinen kirchlich idealen Neigungen
deckte, förderte die Vollendung des Baues augenscheinlich.

Fig. 3 und 4. Siegel des Abtes Machar und des Limburger Conventes von einer Urkunde aus dem Jahre 1308.
Original in der Heidelberger Universitätsbibliothek.

Bereits am 28. November 1039 wurde durch den Bischof Bardo von
Mainz ein Altar im Chore zu Ehren des hl. Andreas und am 24. März
1040 durch denselben Bardo der Hochaltar vor dem Chore zu Ehren der
beiden Johannes, des Täufers und des Evangelisten, geweiht. Im Jahre
1042 wurde die Kirche vollendet und zu Ehren des hl. Kreuzes, des
Evangelisten Johannes und der hl. Lucia eingeweiht.[1] Eine kostbare

---

[1] Lehmann, Diöcb. Thal S. 173, Remling a. a. O. I., 119. Dass die Kirche auch zu Ehren der
hl. Maria geweiht war, ist oben S. 7 Note 2 bereits bewiesen. Es ist daher anzunehmen, dass zu Ehren
des hl. Lucia einer der Seitenaltäre, die Kirche selbst aber, wie dies in dem Briefe der Limburger Mönche
angegeben ist, zu Ehren des hl. Kreuzes, der hl. Maria Mutter Gottes und des Evangelisten Johannes
geweiht wurde. Insofern ist der Name eines Klosters zum heiligen Kreuze die Hauptbenennung gewesen.
In den im Laacher Archiv vorhandenen Urkunden heisst es stets: „Abbas et Conventus Monasterii Sancte
Crucis in Lymparch ordinis Sancti Benedicti". Würdtwein giebt ohne Grundangabe 1045 als Vollen-
dungsjahr an, Remling sogar 1046, weil in diesem Jahre Kaiser Heinrich III. dem Kloster ein Stück vom
hl. Kreuze aus Italien mitgebracht habe. Letzteres ist jedoch unrichtig, da Heinrich III. erst 1047 zurückkehrte, während andererseits die Schenkung einer kostbaren Reliquie durch Bischof Theoderich von Metz
deutlich für das Jahr 1042 spricht.

9

Reliquie — ein Arm der hl. Lucia — wurde aus diesem Anlasse von Bischof Theoderich von Metz, dem langjährigen vertrauten Freunde des Abtes Poppo, dem Limburger Kloster zum Geschenk gemacht.[1] Die Abtei erhielt den Namen eines Stiftes zum heiligen Kreuze. Das Wappen der Abtei zeigte ein schwarzes Kreuz auf silbernem Felde (vgl. Fig. 36).

Kaiser Heinrich III. brachte, als er im Jahre 1047 von seinem Heereszuge nach Italien zurückkehrte, ein Stück des hl. Kreuzes mit welches er dem Limburger Stifte zum Geschenk machte. Trotz dieser äusserlichen Zuwendung muss Heinrich III. ein eigentliches Interesse an der Limburg abgesprochen werden. Es ist nicht bekannt, dass er seit seiner Thronbesteigung je noch einmal die Limburg besucht hat, obgleich seine erste Gattin Kunigunde dort begraben lag; auch ist es auffällig, dass er 1048 die Schenkung von Schwarzach an Speyer erneuerte, ohne der Bedingung, unter der sie früher erfolgt war. — Limburg zu beschützen und zu verteidigen — noch weiter zu gedenken.[2] Heinrich III starb am 5. Oktober 1056 und wurde im Beisein des Papstes Victor II im Dom zu Speyer begraben. Sein vorzeitiger Tod, der dem deutschen Reiche so verhängnisvoll wurde, hatte auch für das Limburger Kloster schlimme Folgen. Oben genannter Abt Arnulf war am 16. März 1056 in Speyer gestorben. Sein Nachfolger in der Abtswürde wurde

1056 Einhard oder Eginhard, ein Graf von Katzenellenbogen, welcher im darauffolgenden Jahre Bischof von Speyer wurde. Dieser missbrauchte das ihm anvertraute Amt zum Nachteile des Limburger Stiftes. Mit Hilfe des Erzbischofs Adalbert von Bremen, des Erziehers des jungen Königs Heinrich IV., gelang es ihm im Jahre 1065 von dem damals erst 14jährigen Könige eine Urkunde (d. d. 20. August 1065) zu erhalten, durch welche das Kloster Limburg mit allen Besitzungen und Rechten samt der geistlichen Gerichtsbarkeit dem Hochstifte Speyer zu Eigentum überlassen wurde. Eginhard machte sich diese Urkunde sogleich zu Nutz, indem er dem Limburger Kloster alle seine Schätze abnehmen und nach Speyer verbringen liess. Simonis giebt in seiner Beschreibung aller Bischöfe von Speyer S. 17 folgendes Verzeichnis dieser dem Kloster geraubten

[1] Ludewig S. 84. Giesebrecht II., S 636.
[2] Breslau a. a. O. II, 387.

Güter: „Under andern derselben Kleinot, (die doch nicht alle gemeldet
„werden), seind gewesen vier und dreissig Pfundt unverwerckts Golds, ein
„guldene Königliche Kron, ein guldens Scepter, zween gantz güldine
„Kelch mit ihren Patenen, under denen der eine mit köstlichen Edel-
„gesteinen durchlegt, der ander plat gewesen. Ein Kelch auss einem
„Edelgestein, Onichius gehoissen. Desgleichen das Paten, beid in klar
„Gold verfasset und mit andern Edelgestein gezieret. Item zween Särck
„oder schrein voller würdigs Heiligthumbs, der ein guldin und mit Edlem-
„gestein durchlegt, der ander von Helffenbein und beschlagen. Item
„sechs Hörner von Helffantzehnen gemacht, und ein geschirr wie ein
„Flesch, auch vier Taffeln, alles von Helffenbein. Item zwo Meer-
„schnecken, in Gold und Silber köstlich verfasset. Zwey silberne und
„verguldte Rauchfass. Drei Cristallin Geschirr in Gold gefasst, sechs
„silberin Leichter. Zwen silberin Eimer, Ein silberin Giessfass und Hand-
„becken, Ein Messbuch Helffenbeine und in Gold verfasst. Auch ein
„Psalterbüchlein, so des Keisers Caroli Magni gewesen, war durchauss
„mit Gold geschrieben, in Helffenbein eingebunden, und mit Gold be-
„schlagen. Ein sequentionalbuch mit Gold und silber beschlagen, ohne
„sonsten ein merkliche summa von Messgewandtern, Leviten Röcken,
„Chorkappen und andere gezierden, von eyteln Gold gewürckt." Wie
man sieht, war dies für die kurze Zeit des Bestehens des Klosters ein
höchst ansehnlicher Besitz, dessen Vorhandensein beweist, wie wenig
zuverlässig die Mitteilung der Vita Popponis (cap. 19) über den Verfall
des Klosters nach Poppos Weggang ist. Bischof Eginhard starb am
23. Februar 1067, aber die genannten Schätze blieben für das Limburger
Kloster endgültig verloren, denn auch die späteren Bischöfe von Speyer
verweigerten die Wiedererstattung derselben.

1067. Der nächste Abt war Stephan I. 1067, angeblich ein gelehrter und
einsichtsvoller Mann, von dem indes sonst alle Nachrichten fehlen. Ihm
1090. folgte gegen Ende des Jahrhunderts (nach dem Jahre 1090)

Erchenbert, ein Mönch aus dem Kloster Hirschau, welcher von dem
Hirschauer Abte Gebhardt[1] dem Kloster Limburg gesandt wurde, da sich
die Limburger Mönche über die Wahl eines Abtes nicht verständigen

[1] Trithemius, Annal. Hirsaug. tom. I., 280; Abt Gebhard von Hirschau bekleidete sein Amt von
1091–1105.

konnten. Er hatte den besonderen Auftrag, strengere Ordenszucht nach Limburg zu verpflanzen; mehr ist von ihm nicht bekannt.

1107. Nun folgte 1107 Bruno, ein geborener Graf von Saarbrücken, der als weiser und geschickter Mann geschildert wird. Er war ursprünglich Domküster in Speyer, dann Mönch, später Abt auf Limburg und wurde, nachdem er noch kurze Zeit den Abteien zu Corvey, Weissenburg und Lorsch vorgestanden hatte, vom Kaiser Heinrich V. im Jahre 1110 zum Bischof von Speyer ernannt. Bruno war dem Limburger Kloster sehr zugethan; nach seinem 1124 erfolgten Tode wurde er, letztwilliger Verfügung gemäss, in der Klosterkirche zu Limburg vor den Stufen des Chores begraben. Sein Nachfolger in der Limburger Abtswürde wurde im

1111. Jahre 1111 Stephan II., über dessen Herkunft alle Nachrichten fehlen. Während seiner Amtsführung im Jahre 1116 vermachte oben genannter Bischof Bruno dem Kloster die Kirche zu Friedelsheim, welche der Bischof von einer „edeln Frau" Richenza zum Geschenk erhalten hatte. Papst Innocenz II. bestätigte 1137 diese Schenkung Brunos.

1120. Nach Stephan II. bestieg 1120 Arnold oder Arnulf, ein besonderer Schützling Kaiser Heinrichs V., den Abtstuhl. Er stand früher den Abteien Corvey und Weissenburg vor und wurde 1124 nach Brunos Tode auf den Bischofssitz in Speyer erhoben, wo er 1127 starb. Dieser Bischof Arnulf verzichtete auf die Limburger Rechte und übergab das Kloster wieder dessen Konvent zur eigenen Verwaltung.[1]

1124. Ihm folgte in der Abtswürde 1124 Rupert I., der zu Worms geboren und in Paris ausgebildet, sich unter Abt Erchenbert als Limburger Mönch hatte einkleiden lassen. Er wird als ein sehr gelehrter und eifriger Mann, als religiöser Schwärmer von tadellosem Lebenswandel und äusserster Strenge gegen sich und andere geschildert. Bei einigen seiner Untergebenen genoss er deshalb den Ruf der Heiligkeit, andere dagegen, denen die von ihm auferlegte strenge Lebensweise mit Fasten und Kasteien unerträglich war, verklagten ihn deshalb beim Bischofe von Speyer. Letzterem gegenüber berief sich Rupert auf seine ihm durch Visionen kundgegebene göttliche Mission.[2] Auch mit Geisterbeschwörungen befasste sich dieser Abt. So wird namentlich erzählt, wie

---

[1] Siehe oben a. a. O., pag. 63.
[2] Windhorst a. a. O., S. 51 ff. Lehmann, Das Brühlener Thal, S. 154.

Fig. 9. Ansicht der Bahn Linberg mit Blick nach der Hinterfurka.

er durch Gebet und Messen die Geister von erschlagenen Auf-
rührern bannte, die nächtlicherweile, namentlich an den Festen der
Heiligen, aus dem Berge von Neu-Leiningen herausgekommen seien
und zu Fuss und zu Pferd unter lautem Heulen und Wehklagen
gegen einander stritten.[1] Indes nahmen die Klagen gegen Rupert
kein Ende, weshalb derselbe vom Bischofe zu Speyer abgesetzt und in
das hessische Kloster Breitenau verwiesen wurde. Der dortige Abt
Heinrich hat jedoch nach Jahresfrist den Bischof, Rupert wieder zurück-
zurufen, weil er befürchtete, dass Rupert die Breitenauer Mönche auch
zu seinen Sonderbarkeiten verleite. Rupert wurde nach der Limburg
zurückberufen und blieb fortan unangefochten in seiner Abtswürde.[2]
Während Ruperts Abtszeit kam das Kloster in Kriegsnöte und hatte
eine ernste Belagerung auszuhalten. — Durch den 1125 erfolgten Tod
Kaiser Heinrichs V. war der Mannesstamm der Salier erloschen. Die
nächste Anwartschaft auf den deutschen Königsthron hatten die staufischen Brüder, die Herzöge Friedrich und Konrad von Schwaben, als
nächste Verwandten der Salier. Aber deren Wahl wurde durch die
päpstliche Hierarchie vereitelt und Lothar von Sachsen zum deutschen
Könige erwählt. Die nächste Folge war die Auflehnung der Staufischen
Herzöge und ein blutiger Krieg Lothars gegen dieselben. In diesem
Kriege wurde 1128 Speyer als Sitz der staufischen Anhänger zum zweiten
Male durch Lothars Truppen belagert und ebenso die Limburg, auf
welche sich die Anhänger des Herzogs Konrad zurückgezogen hatten;
doch ging die Gefahr glücklich vorüber. Nach einigen Wochen gaben
Lothars Truppen die Belagerung auf, und die staufische Besatzung zog
bald darauf wieder ab.[3]

Vom Jahre 1130 wird gemeldet, dass Bischof Siegfried von Speyer
eine Marienkapelle, anstossend an den Chor, eingeweiht habe, welche

[1] Trith., Annal. Hirsaug. I., 313 ff.
[2] Nach Lehmann habe es hintereinander zwei verschiedene Äbte Rupert gegeben, was jedoch durch nichts begründet ist.

Ein Mönch der Probstei Naumburg in der Wetterau, der im Jahre 1142 nach Limburg kam, hinterliess ein unvollständiges Verzeichnis der Limburger Äbte, ohne jedoch die Jahreszahl ihres Amtes anzugeben. Nach diesem Verzeichnis wären auch Eginhard noch die Äbte Benzhelm, Heinrich, Konrad und Volkmar einzureihen, wofür aber keine geschichtlichen Belege vorhanden sind.

[3] Wikkler, a. a. O. II., 304. Lehmann, Geschichte des Klosters Limburg S. 30.

Abt Rupert erbaut hatte.[1] Im Jahr 1134 übergaben Herr Otto, ein Edelknecht und seine Hausfrau Adelinde alle ihre Besitzungen und Güter zu Friedelsheim, welche den dritten Teil der Ortsgemarkung ausmachten, dem Abt Rupert zu „einer Seelengnad." 1142 bekam Rupert Streitigkeiten mit dem Hochstifte Speyer wegen des Weinzehnten, die damit endigten, dass der Abt 125 Morgen Weinberge dem Domstifte Speyer abtreten musste. Dieser Schaden wurde indessen im Jahre 1148 reichlich aufgewogen dadurch, dass Bischof Günther von Speyer dem Stifte Linsburg die durch Krieg zerstörte und verlassene Probstei Naumburg in der Wetterau mit allen Besitzungen und Rechten überliess.[1] Diese Übergabe wurde 1150 durch den Erzbischof zu Mainz, in dessen Sprengel Naumburg lag, ausdrücklich bestätigt. Im Jahre 1150 wurde

1150. **Heinrich I. Abt.**[2] Ihm wurden 1153 vom Bischof Günther zu Speyer die Limburger Besitzungen in Friedelsheim — besonders auch das Pfarrsatzrecht daselbst — bestätigt.[3] Heinrich vermehrte diese Güter, indem er um 130 Pfund Silber ein bis dahin der Gräfin Ida von Madenburg gehöriges Gut hinzukaufte.[4] Sein Todesjahr ist unbekannt, ebenso das Jahr der Erwählung seines Nachfolgers.

1160. **Konrad I.** Während seiner Amtsführung gab Bischof Gottfried von Speyer im Jahre 1160 den Nonnen des benachbarten Klosters Seebach einige Verordnungen und beauftragte den Abt Konrad mit der Überwachung des Vollzugs derselben. Konrad wird weiter in einer Urkunde des Jahres 1176 genannt. Ein Sohn der vorerwähnten Gräfin Ida von Madenburg, Graf Hermann, Domherr zu Speyer, bestritt die Giltigkeit jenes Verkaufes an Abt Heinrich, und Konrad musste sich nochmals durch Zahlung von 14 Mark Silber mit demselben abfinden.[6]

1170. Vom Abt **Rudiger** ist lediglich bekannt, dass er 1170 den Nonnen zu Schönfeld eine urkundliche Versicherung ausstellte, laut welcher sie von ihren Gütern keinen Zehnten mehr zu geben hatten.[7] Als Rudigers

[1] Vermutlich der eine der beiden kapellenartigen Räume, welche über den Eingängen zu Kreuz liegen, vergl. Tafel III und VII.
[1] Würdtwein a. a. O. S. 57 und 91.
[2] Nach Remling a. a. O. S. 113 und 1153.
[3] Würdtwein a. a. O. S. 96. Originalurkunde im Staatsarchive zu Luzern.
[4] Würdtwein S. 66.
[6] Würdtwein S. 99. Originalurkunde im Staatsarchive zu Luzern.
[7] Lehmann, Dürkheimer Thal, S. 187.

1180. Nachfolger wird 1180 ein Konrad II. genannt; weitere Nachrichten über ihn fehlen.[1] Der folgende Abt

1196 Ulrich I. erhielt im Jahre 1196 von Erzbischof Konrad von Mainz aus Vollmacht des Papstes für sich und seine Nachfolger das Recht, bei grossen Feierlichkeiten und im Verkehr mit seinesgleichen die Mitra oder Inful — die Bischofsmütze — tragen zu dürfen.[2] Überhaupt hatten sich Macht und Ansehen der Limburger Äbte zu bedeutender Höhe erhoben; sie führten den Titel „von Gottes Gnaden", besassen eigenes Münzrecht[3] und hatten einer grossen Zahl von Grafen und Herren Lehen zu reichen.[4] Im Jahre 1206 stellte der römische König Philipp einen Schirmbrief für Abtei und Convent aus, in welchem er den Grafen Friedrich von Leiningen, Landvogt des Speyergaues, mit der Ausübung dieses Schutzes beauftragte.[5]

Fig. 6 u. 7. Limburger Denar aus dem XII. Jahrhundert.

Die Übertragung dieser Schirmvogtei an die Leininger Grafen wurde dem Kloster verhängnisvoll, und es begann mit ihr eine Kette von Ärgernissen und Streitigkeiten aller Art, welche Jahrhunderte hindurch dauerten und endlich so ausarteten, dass sie zur Zerstörung des Klosters führten. Anfangs der zwanziger Jahre des 13. Jahrhunderts erbaute Graf Friedrich I. von Leiningen in unmittelbarer Nähe

[1] Remling, a. a. O. S. 113.
[2] Würdtwein, a. a. O. S. 101.
[3] Frey a. a. O. II., 458 und 459. Widder a. a. O. II., 331. Es ist bis jetzt keine Urkunde bekannt, welche das Münzrecht Limburgs bestätigt, doch existieren Limburger Denare, siehe Fig. 6 und 7. — P. Joseph (Die Münzen des gräflichen und fürstlichen Hauses Leiningen, Wien 1884) beschreibt S. 17 bis 19 die Münzen wie folgt:

Avers: Zwischen 2 Perlreifen die Inschrift EMECHO ● COMES ● D ● LI. Über einem flachen, mit Perlen besetzten Bogen zwei Türme und dazwischen das breite Brustbild eines Barhäuptigen, der rechts ein Schwert hält. Unter dem Bogen niedrige Mauer, von drei Türmen überragt.

Revers: ✠ ● LI ● N ● B ● V ● R GE ● NSI ● S. Im Felde breites Kreuz, in jedem Winkel grosser Punkt. Aussen herum ein einfacher, innen ein doppelter Perlkreis. 19 mm. 0.95 gr.

Nach Joseph stellt die Abbildung auf dem Avers den über dem Thore (der Limburg) wachhabenden, mit einem Schwert zum Richten und Strafen bewaffneten Grafen (und zwar Emich III. 1144—1189) als Schirmvogt vor. Vgl. auch H. Weber in Zeitschrift für Numismatik XVI. S. 174 u. 175. — Vorstehende Angaben entstammen einer gütigen Mitteilung des Herren K. F. Grafen zu Leiningen-Westerburg.

[4] Remling führt S. 116 allein 24 solcher Lehen auf.

[5] Würdtwein, a. a. O. S. 104. Dieser königliche Akt ist dahin zu ergänzen, dass mittelst desselben das Amt und die Würde eines Schirmvogtes von Limburg dem Leininger'schen Grafengeschlecht erblich verliehen wurde. Sicher waren schon frühere Grafen von Leiningen, abwechselnd mit anderen,

von Limburg und auf Limburgischem Grund und Boden das Schloss Hartenburg. Derselbe erkannte zwar im Jahre 1230 durch eine Urkunde an, dass dem so sei und versprach dem Kloster Entschädigung, allein vorläufig blieb es bei dem Versprechen; denn erst im Jahre 1249 fand ein Abkommen mit dem Grafen Friedrich II. von Leiningen statt, laut welchem derselbe vier Jahre lang 800 Malter Korn als Entschädigung an das Kloster abgab.

Im Jahre 1222 wird das benachbarte Nonnenkloster Hausen wegen schlechter Zucht durch den Bischof von Speyer aufgehoben und alle Gebäude und Besitzungen etc. dem Kloster Limburg einverleibt.

1228. Volmar I. erhielt im Jahre 1228 von König Heinrich VII., dem Sohne Kaiser Friedrichs II., eine Erklärung wegen des Buteilrechtes, das der Abtei in Dürkheim zustand.[1]

1231. Ulrich II. verlieh 1231 dem Domstift zu Mainz das Pfarrbesatzungsrecht zu Hartenburg, ferner im Jahre 1235 dem Antoniterhause in Rossdorf mehrere Güter, wofür letzteres jährlich 18 cöllnische Heller zahlen musste.

Im Jahre 1240 bewilligte er den Nonnen zu Hertlingshausen und dem Dorfe Weidenthal das Holz- und Weidrecht im Limburgischen Wald.

1243. Rupert II. gestattete im Jahre 1243 der Gemeinde Rödersheim das Holzrecht im Limburger Wald. 1244 gab er dem Antoniterhause in Rossdorf die obenerwähnten Güter zu ewigem Besitz.

1249. Volmar II. erscheint zuerst 1249 in der schon erwähnten Urkunde[2], in welcher Graf Friedrich II. von Leiningen dem Kloster Entschädigung wegen des widerrechtlichen Baues der Hartenburg gewährt. Sodann fand noch im gleichen Jahre ein zweites Abkommen statt, in welchem

ein alter Schirmvogt von Limburg. So war (vergl. Lehmann, Dürkheimer Thal S. 176) im Jahre 1116 ein Graf Werther, im Jahre 1153 Graf Simon (von Saarbrücken), im Jahre 1175 Wildgraf Gerhard und im Jahre 1190 Graf Wernher von Bolanden Schirmvogt von Limburg. Hinsichtlich des Grafen Simon — 1153 — beruft sich Lehmann auf Würdtwein, Mon. Pal. I, 98, jedoch irrigerweise, denn in der daselbst angeführten Urkunde zwischen Speyer und Limburg (bezw. der einverleibten Pfarrei und Hofgut Friedelsheim) sind neben verschiedenen Zeugen geistlichen Standes auch zwei Grafen als Zeugen angeführt, nämlich; Graf Simon und Graf Emicho. Ersterer wird ausdrücklich als Vogt (advocatus) der St. Lambertuskirche (in Speyer) bezeichnet; es ist daher naheliegend, dass Graf Emicho Vogt der andern vertragsschliessenden Partei, also des Klosters Limburg gewesen ist, welche Annahme durch die oben beschriebene Limburger Münze (S. 17, Note 3) ihre Bestätigung findet.

[1] Remling, S. 314, No. 4. Über Buteilrecht — Erbrecht des Herren an Vermögen seines verstorbenen Hörigen — vgl. Hessler, Institutionen des deutschen Privatrechts I, S. 179.

[2] Würdtwein, a. a. O. S. 106.

Hartenburg den Grafen von Leiningen zu Lehen gegeben wurde, aber die Burg nebst Hof gefreiet und von der Gerichtsbarkeit des Limburger Abtes und allen Abgaben an denselben losgesprochen wurde.[1]

Im Jahre 1257 erwirkte der Abt einen neuen Schutzbrief von dem römischen König Richard,[2] der sich damals in Mainz aufhielt (d. d. Mainz IX. die Septembris). Ferner kommt Volmar in einer Urkunde vom 29. Mai 1261 vor, mittelst welcher Probst Werner zu Speyer mit Zustimmung Volmars und des Dekans zu Dythensheim das Einkommen des Pfarrers zu Friedelsheim regelt.[3] Das Verhältnis zu den Leininger Grafen scheint unter Volmar ein günstiges geworden zu sein, denn noch im Jahre 1270 erneuern Graf Friedrich von Leiningen und seine Gemahlin Agnes der Abtei alle früheren Freiheiten.

Fig. 8. Siegel des Abtes Volmar von einer Urkunde aus dem Jahre 1261, im Staatsarchiv zu Luzern

1271. Marquard belehnte im Jahre 1271 den Abt und Convent des Cisterzienserklosters Eussersthal mit 3 Morgen Weinbergen der Wachenheimer Gemarkung, wofür der Abt von Eussersthal jährlich ein halbes Malter Hafer, Speyrer Masses, entrichten musste.[4]

1279. Gerwin erhielt 1279 vom Speyrer Bischof Friedrich die Erlaubnis zur Einverleibung der Weidenthaler Pfarrei, was später 1291 vom Papst Nicolaus IV. bestätigt wurde.[5]

1291. Stephan III. erscheint in einer Urkunde des Jahres 1291, in welcher Petrissa von Hartenburg dem Kloster Schönfeld ein Vermächtnis macht, als Zeuge und bekräftigt diese Urkunde durch sein Siegel.[6]

1298. Johann II. von Chuningernheim wird 1298 Abt. Im Jahre 1301 belehnte er den Grafen Friedrich III. von Leiningen mit der Burg Frankenstein.

[1] Lehmann, Geschichte des Klosters Limburg, S. 39.
[2] Würdtwein, S. 113.
[3] Originalurkunde mit Siegel im Staatsarchiv zu Luzern.
[4] Würdtwein, von. L, S. 113.
[5] Remling, S. 126 und 310.
[6] Würdtwein, S. 45. Lehmann, Dürkheimer Thal, S. 191.

1311. Adelbert ist in einer Urkunde des Klosters Seebach vom Jahre 1311 als Abt von Limburg genannt [1]

1335. Theoderich, Dietrich oder Ditzo von Enzenberg erscheint urkundlich zuerst 1335,[2] dann 1337, in welchem Jahre er von den Edlen zu Meckenheim ein Hofgut in Friedelsheim um 400 Pfund Heller erkauft [3] 1341 gestattet er dem Ritter Konrad von Buches, einen Theil des Zehnten zu Keuchen in der Wetterau an die Probstei Naumburg zu verkaufen. Als Testamentsvollstrecker des Limburger Mönches Friedrich von Meckenheim gründete Abt Ditzo eine Pfründe am St. Egidienaltar 1345. Im Jahre 1359 gestattet er dem Grafen von Leiningen, die Stadt Dürkheim mit Mauern und Türmen befestigen zu lassen. Ditzo verzichtete später auf seine Abtswürde, verblieb aber auf Limburg.

1364. Heinrich von Lautern, Ditzos Nachfolger, vermittelte 1364 einen Streit zwischen Probst und Conventualen zu Naumburg. 1367 setzte er den Edlen Heinrich von Wasin als Limburgischen Lehensmann in Naumburg ein.[4] Im gleichen Jahre soll das Kloster gelegentlich einer Fehde des Grafen Emich V. von Leiningen mit der Stadt Worms Beschädigungen erlitten haben.[5] Im Jahre 1368 wird

1368 Heinrich von Löwenstein, früher Probst zu Naumburg, Abt, zog sich aber später wieder nach Naumburg zurück.

1377. Hugo wird 1377 genannt. Er entliess damals mit dem Prior Friedrich Spiegel den Conventualen Friedrich von Stockheim aus dem Kloster.[6]

1383. Peter von Wachenheim erscheint zuerst in einer Urkunde aus dem Jahre 1383, laut welcher er von dem „bescheidenen Manne" Gerhard Herzog und dessen ehelicher Hausfrau drei Morgen Weingarten im Dürkheimer Markte erwarb, wofür er denselben lebenslänglich jährlich ein Fuder Wein zu liefern hatte.[7] Im Jahre 1387 vermehrte er das Leininger Lehen mit einem Salzbrunnen auf dem Brühel bei Dürkheim. 1402 erhält das Kloster vom Papst Bonifaz IX. die beiden Pfarreien Sulzbach und Bruckköbel einverleibt, muss aber an den Erzbischof von

[1] Wachwein, tom. V., S. 61.
[2] Remling, S. 127, Anm. 45.
[3] Wachwein, S. 117.
[4] Wachwein, tom. I, S. 67.
[5] Lehmann, Dürkheimer Thal, S. 194.
[6] Remling, I, S. 128.
[7] Originalurkunde mit Siegel im Staatsarchiv zu Lareto.

Mainz die herkömmlichen Abgaben dafür entrichten. Im Jahre 1404 verpflichtete sich Abt Peter, in allen das Wohl und Wehe des Klosters berührenden Angelegenheiten nichts ohne Beirat und Mitwirkung des Grafen von Leiningen zu unternehmen.

1411. **Johannes Bock von Erpfenstein** wird 1411 Abt. Seine erste

Fig. 7.   Kreuzgang Jahr 1901

Amtshandlung war der Erlass strenger Vorschriften zur Beseitigung eingerissener Missbräuche in der Probstei Naumburg. 1416 erliess er eine neue Gerichtsordnung für die Stadt Dürkheim, die den Namen „Martins Weistum" erhielt.[1] Im gleichen Jahre erteilt er dem Grafen von Leiningen-Rixingen die Erlaubnis, das Burglehen Frankenstein an die

[1] Joh. Grimm, Weisthümer I, S. 783, ff.

Grafen Philipp von Nassau, Emich VI. von Leiningen-Hartenburg und den Ritter Diether von Einseltheim zu verkaufen.

1428. **Nikolaus Rink von Ymbsheim** wird zuerst 1428 genannt. 1436 gestattet er dem Probste Caspar zu Naumburg zur Aufbesserung der ganz zerrütteten Vermögensverhältnisse, den Zehnten in Gross- und Klein-Karben für 2000 Gulden zu verkaufen. 1438 belehnt er den Grafen Hesso von Leiningen mit einem Teile von Dürkheim.

1439. **Helfrich von Ulffersheim** mit dem sonderbaren Spitznamen „böser Summer" wird 1439 Abt zu Limburg. Er lebte bis zum Jahre 1451, doch bereits 1446 wurde

1446 **Heinrich Ullner von Dieburg** sein Nachfolger, vermutlich um der zu jener Zeit im Kloster eingerissenen Zuchtlosigkeit und Unordnung besser als sein Vorgänger zu steuern. Geistig unbedeutend und energielos, war dieser Abt einer solchen Aufgabe keineswegs gewachsen; unter seiner Verwaltung wurden die Zustände immer bedenklicher und das Kloster auch noch in vielerlei weltliche Händel verwickelt, die ihm grossen Schaden brachten. Im Jahre 1447 wurde das Kloster Schönfeld der Limburger Abtei einverleibt.[1] Im gleichen Jahre erneuerte Heinrich dem Grafen Hesso von Leiningen das von Abt Nikolaus errichtete Lehen über die Hälfte Dürkheims. 1462 kaufte er vom Churfürst Friedrich von der Pfalz das Schloss Friedelsheim um 1200 Gulden.[2] 1465 erneuerte er das Limburger Gericht zu Fauerbach i. d. W. und unterstellte es der Aufsicht des Probstes zu Naumburg; 1468 schlichtete er Streitig-keiten des Letzteren mit dem Pfarrer zu Karben wegen eines Zehnten. 1469 erliess Bischof Mathias von Speyer ein ernstes Mahnschreiben gleich-zeitig an die Mönche von Limburg, Odenheim und Sinsheim gerichtet,[3] um der allgemeinen Unordnung und Zuchtlosigkeit Einhalt zu thun.

Im Jahre 1470 kam das Kloster in ernstliche Kriegsnot und wurde von Leiningenschen und Veldenzschen Truppen überfallen und ausge-

[1] Auf dem Michelsberge, in der Nähe von Schönfeld bei Dürkheim, stand eine Kapelle (Capellam Sancti Michaelis in monte), zu welcher damals stark gewallfahrtet wurde. Zur Unterkunft der grossen Zahl von Wallfahrern am Michaelstage errichteten die Dürkheimer Brauhäuser Zelte etc. auf der Brühl-wiese. Als Heinrich schuf diese Übung zu einer jährlichen Kirchweihe um, aus welcher sich nach und nach der noch heutzutage in der Pfalz berühmte Michaelsmarkt (vulgo Wurstmarkt) entwickelte (Lehmann, Geschichte des Klosters Limburg, S. 47).

[2] Wundt etc. S. 125 und 126.

[3] Remling, S. 100.

plündert. Die Ursache war folgende: Der oben erwähnte Landgraf
Hesso von Leiningen war im Jahre 1467 ohne Leibeserben gestorben.
Hessos Schwester Margarethe, Gemahlin Reinhardts II. von Westerburg,
liess nun als nächste Erbin die Hessoschen Lande in Besitz nehmen,
doch kam ihr Graf Emich VII. von Leiningen-Hartenburg in vielen Ort-
schaften zuvor und proklamierte sich zum Landgrafen. Margarethe ging
nun, von Hessos Witwe und dem Bischof von Worms, welcher Lehens-
herr von Neu-Leiningen war, unterstützt, den Churfürsten Friedrich I.
von der Pfalz[1] als Oberlehnsherrn der Grafschaft Leiningen um Hilfe
an und versprach letzterem für seine Hilfe ausser den heimgefallenen
leiningen-pfälzischen Lehen noch die Hälfte aller erbeigenen Besitzungen
ihres Bruders (mit Vertrag vom 2. Juni 1467). Zunächst wurde nur ein
diplomatischer Krieg geführt, als aber 1470 der Kaiser das Reich gegen die
Churpfalz aufbot und den Pfalzgraf Ludwig von Veldenz mit der Exekution
gegen letztere betraute,[2] erachtete Graf Emich VII. die Gelegenheit für
günstig, kündigte dem Churfürsten sein Lehensverhältnis und vereinigte
seine Truppen mit denen des Pfalzgrafen von Veldenz zum Kriege gegen
Churfürst Friedrich von der Pfalz. Veldenzschen Truppen wurde Wachenheim anvertraut. Von dort aus machten diese am 13. August 1470 einen
Streifzug gegen die Limburg, plünderten das Kloster aus und schleppten
die gesamte Beute mit Ausnahme der Bibliothek und der Heiligtümer
nach Wachenheim. In dieser Not waren alle Hoffnungen des Klosters
auf den Churfürsten Friedrich gerichtet. Derselbe führte denn auch den
Krieg mit viel Glück und Geschick, eroberte eine Veldenzsche und
Leiningensche Burg nach der andern, so unter anderen am 5. Juni 1471
Wachenheim,[3] am 7. Juni die Leiningenschen Orte Gross- und Klein-
Bockenheim, am 25. Juli das Veldenzsche Nieder-Ulm, am 3. August
das Veldenzsche Lambsheim und endlich am 18. August das stark be-
festigte und durch die beiden Grafen Diether und Philipp von Leiningen,
Brüder des Grafen Emich VII., hartnäckig verteidigte Dürkheim. Hiermit
war die Macht der Leininger Grafen gebrochen, und unter harten Be-
dingungen wurde ihnen der Friede auferlegt; unter anderm verloren sie
auch die Schirmvogtei über die Limburg, welche der Churfürst nun

[1] Kremer, Geschichte des Churfürsten Friedrich von der Pfalz, S. 303 ff.
[2] Ebenda S. 431.
[3] Ebenda S. 440 ff.

33

selbst übernahm. Auch der Spott folgte dem Schaden, und Graf Emich VII. erhielt den Beinamen „der Sommerlandgraf". Infolge dieser Vorgänge wurde das nachbarliche Verhältnis zwischen dem Kloster und den Leininger Grafen ein ganz unerträgliches und verwandelte sich in eine Kette von Reibereien, Klagen und Gewaltakten aller Art. Dabei geriet das Kloster mehr und mehr auf schiefe Bahnen, da der schwache Abt Heinrich sich durchaus unfähig erwies, der überhandnehmenden Zügellosigkeit und Verwilderung seiner Mönche zu steuern. Diese Übelstände nahmen solchen Umfang an, dass Bischof Ludwig von Speyer sich genötigt sah, ernstlich einzuschreiten, nachdem er sich persönlich von den unerquicklichen Zuständen des Klosters überzeugt hatte.

Nach Rücksprache mit dem Schirmherrn der Abtei, dem Churfürsten von der Pfalz, wurde 1581 der Beschluss gefasst, den Limburger Convent dem sogenannten Bursfelder Vereine zu unterwerfen.[1] In Ausführung dieses Beschlusses begaben sich die Äbte Hermann Pruss vom St. Jakobsberge bei Mainz, Johann von Kohlenhausen von Spanheim und Bernhard von Hirschau nebst einigen Räten des Bischofs von Speyer und des Churfürsten von der Pfalz auf die Limburg und zwangen Abt Heinrich, sein Amt niederzulegen; doch wurde derselbe lebenslänglich vom Kloster Limburg unterhalten. Er erhielt freie Wohnung im Limburger Hof zu Speyer, zwei silberne Becher und den nötigen Hausrat, sodann jährlich zweiundfünfzig Gublen, vierzig Malter Korn, drei Fuder Wein, ein Malter Mandeln und acht Wagen Holz. Hierüber wurde eine grosse Urkunde ausgefertigt[2] und gleichzeitig 1581 Bonifaz aus Venlo in Geldern zum Nachfolger Heinrichs ernannt. Derselbe war Mönch auf dem St. Jakobsberge bei Mainz gewesen, woselbst die Bursfelder Reformation schon früher Eingang gefunden hatte.[3] Durch die schlechte Amtsführung der letzten Äbte und die Verheerungen des Krieges in nächster Nähe war das Kloster in finanzielle Nöte geraten, und Bonifaz musste ein Anlehen bei dem Stifte St. Peter zu Mainz machen; auch verpachtete er das Friedelsheimer Schloss nebst

[1] Diese Vereinigung, die sog Bursfelder Kongregation, hatte sich 1461 in Bursfeld in Braunschweig gebildet zum Zwecke einer ehemaligen Reformation des Benediktinerordens.

[2] Würdtwein, tom. I, S. 137.

[3] Verschiedene ältere Mönche, welche angeblich die strenge Lebensweise nicht mehr ertragen konnten, erhielten ihre Entlassung und die Anweisung auf jährlich zwanzig Gulden, zehn Malter Korn und ein Fuder Wein, in den Limburger Kellern zu Dürkheim zu erheben.

Zubehör an den Grafen Bernhard von Leiningen (jedoch unter dem Vorbehalt des Öffnungsrechtes für Churpfalz) für zwanzig Gulden jährlich. Im Jahre 1582 wurde Bonifaz gleichzeitig Visitator in Weissenburg; 1583 starb er auf einer Reise in Erfurt, woselbst er auch begraben wurde.[1] Der seitherige Prior

1483. A n s e l m, geborener Ulner von Dieburg, wurde nun Abt. Sein Zeitgenosse Abt Tritheim von Sponheim schildert ihn als einfachen, schlichten Mann, dabei als grossen Frömmler und Sonderling, der weder zum Verwalten des Zeitlichen noch zum geistlichen Vorstande getaugt habe. 1490 legte Anselm sein Amt nieder und verbrachte seinen Lebensabend in stiller Zurückgezogenheit. Nun erhielt

1490 M a c h a r, der seitherige Prior, den Abtstab. Er war ein geborener Weys von Fauerbach i. d. Wetterau, aber schon als zwölfjähriger Knabe in das Limburger Kloster gekommen. Abt Tritheim von Sponheim, der nebst den Äbten Hermann von Mainz und Melchior von Schönau der Einsetzung Machars beiwohnte, lässt letzterem das grösste Lob zuteil werden.[2] Wollte man auch von den vielen kleinen aber stetigen Streitigkeiten und Nörgeleien ganz absehen, welche, wie schon oben berichtet, seit Jahrhunderten zwischen dem Limburger Convent und den Leininger Grafen bestanden, so wird doch leicht begreiflich, dass seit der harten, folgenschweren Züchtigung des Grafen Emich VII. durch Churfürst Friedrich von der Pfalz kein gedeihliches Verhältnis zwischen dem Kloster und dem Grafen mehr möglich war. Letzterer konnte seine herben Verluste nicht verschmerzen und schrieb dieselben überdies hauptsächlich dem Wirken der Limburger Äbte zu. So beginnt denn nun der Knoten sich immer enger und enger zu schürzen.

Gleich die ersten Jahre von Machars Verwaltung bringen stets neue Streitigkeiten und darauffolgende Vergleiche mit den Grafen von Leiningen; dazu gesellten sich auch noch Streitigkeiten mit der Stadt Dürkheim. 1492 ist Friede, und Machar erneuert das Leiningensche Lehen der Limburgischen Fauthei Dürkheim.[3] Das Jahr 1498 findet jedoch beide

[1] In Coopers Roman „Die Heidenmauer" spielt Abt Bender eine Rolle als grosser Trinker, wohl auf Grund der Mitteilungen über ein grosses Trinkturnier zwischen dessen Abt und einem Worbenheimer Bauer, bei welchem letzterer siegte und sich Befreiung seiner Abgaben aus Kummer ertrank. Lebouse, Dürkheimer Thal, S. 200).
[2] Trith., Annal. Hirsang. II., 648.
[3] Reuling I., S. 135.

Teile wieder streitend vor Churfürst Philipp in Heidelberg. [1] Auch von den folgenden Jahren werden stete Händel gemeldet, in denen Graf Emich VIII. und Machar sich so heftig gegenübertreten, dass die ererbten Händel noch durch ausserordentlichen persönlichen Hass der Streitenden verstärkt werden. Im Jahre 1503 trat endlich die Katastrophe ein.

Churfürst Philipp von der Pfalz wurde infolge des Beistandes, den er seinem Sohne Ruprecht, einem Schwiegersohn des Herzogs Georg von Bayern, leistete, in den bayrischen Erbfolgekrieg verwickelt. Im Verfolge dieser Dinge wurde er wegen Ungehorsams gegen Kaiser Maximilian I. in die Reichsacht erklärt, und mit dem Vollzug dieser Bestrafung unter andern Landgraf Wilhelm von Hessen beauftragt. [2]

Nun hielt auch Graf Emich VIII. den Zeitpunkt für gekommen, um seinem Hass und Groll gegen den Churfürsten wie gegen den Limburger Convent freien Lauf zu lassen und die langersehnte Rache zu nehmen. Er kündigte dem Abte sein Lehensverhältnis und schloss sich dem Heere des Landgrafen von Hessen an. Abt Machar erbat sich zum Schutze des Klosters churpfälzische Besatzung. Dieselbe wurde seitens des Churfürsten gewährt, und am 23. Juli rückte Hauptmann Friedrich von Spanheim mit 400 Mann Pfälzer Truppen ins Kloster ein. Unter dem Schutze dieser Truppen liess Machar die Bibliothek, die Brief-schaften, den Kirchenschmuck, die Kleinode und alle sonstigen Kost-barkeiten nach Speyer verbringen und begleitete selbst diesen Trans-port, musste aber erkrankt in Speyer zurückbleiben.

Die Pfälzer suchten nun ihrerseits ihren Feinden in der Umgegend das Leben möglichst sauer zu machen und Vergeltung zu üben, wo es nur anging. So unternahmen sie öfters Streifzüge in die Umgegend, trieben das Vieh weg und raubten alles, was sie nur erreichen konn-ten. Namentlich wurde das Leiningensche Dürkheim öfters und aufs

[1] Würdtwein I., Urkunde, S. 146.

[2] Preisz, a. a. O. sagt Bd. II., S. 722 wörtlich: „Ein wütender Krieg entbrannte, denn alsbald liessen die zahlreichen Gegner des übermächtigen und übermütigen Pfälzer Hauses, welche das durch Friedrich den Siegreichen erlittenen Verluste noch nicht vergessen hatten und froh waren, noch spät dafür Vergeltung üben zu können, über Land und Leute des Geächteten her. Ein grausvoller Krieg brach über die blühende rheinischen Lande herein. In der Pfalz sengte und brannte Landgraf Wilhelm von Hessen. Hunderte von blühenden Flecken lagen in Asche, als die unteren Händen endlich abgegen. Ähnlich hauste, von der andern Seite hereinbrechend, Herzog Ulrich von Württemberg; der schwäbische Bund trat wieder die Pfalz in Westen; österreichische Truppen eroberten im Elsass einen Teil des dortigen halb-burgischen Besitzes, der pfälzisch geworden war."

härteste mitgenommen, so dass sich viele Bewohner Dürkheims mit dem Reste ihrer Habe nach dem Leiningenschen Schlosse Hartenburg flüchteten. Mittlerweile nahm der Krieg einen für den Churfürsten ungünstigen Verlauf, und er zog deshalb seine Limburger Besatzung zurück. In der Nacht vom 29. auf den 30. August 1504 verliessen die Pfälzer die Limburg; die Mönche, im ganzen noch 16 an der Zahl, packten darauf ihre nötigste Habe und verliessen mit Tagesanbruch ebenfalls das Kloster. Bald darauf öffneten sich die Thore der Hartenburg und ein beutelustiger Haufe von Leiningenschen Reisigen und bewaffneten Dürkheimer Bauern ergoss sich über die verlassene Abtei, plünderte und zerstörte, was ihnen in den Weg kam; ja sie schonten selbst die Gräber der Äbte und der Leininger Grafen nicht und legten schliesslich Feuer an. Mit den übrigen Gebäuden sank auch das herrliche Gotteshaus in Asche. Abt Trithem erzählt in seiner Hirsauer Chronik, dass zwölf Tage und zwölf Nächte lang die Lohe gen Himmel gestiegen sei.

Im Jahre 1505 berief Kaiser Maximilian eine Reichsversammlung nach Köln zum Zwecke der Wiederherstellung des Friedens im Reiche. Vor dieser Versammlung klagte Abt Machar gegen den Grafen Emich VIII. als den Brandstifter und Zerstörer seiner Abtei. Maximilian beauftragte den Erzbischof Jakob von Mainz, die Klage zu untersuchen und womöglich die streitenden Teile wieder auszusöhnen. Erzbischof Jakob veranlasste zunächst eine mündliche Verhandlung zwischen dem Abte und Graf Emich, kam aber zu keinem Resultate, weshalb er im Jahre 1506 anordnete, dass die Sache durch beiderseitige Anwälte weiter betrieben werden solle. Allein auch auf diesem Wege wurde nichts erreicht; offenbar wollte der Mainzer Kirchenfürst es mit keiner der Parteien verderben und schob deshalb die Angelegenheit stets hinaus.

Machar machte nun seine Klage in Rom anhängig; mittlerweile bezog er mit vier Mönchen den zur Limburg gehörigen Hof in Wachenheim, die „Münze" genannt, und erwirkte für seine übrigen Mönche gastfreie Aufnahme in andern Klöstern.

Im Jahre 1505 schenkte Churfürst Philipp von der Pfalz dem Abte die Pfarreien Erpolzheim, Fendersheim und Fürth [1]. mit allen Rechten und Nutzniessungen und befreite das Kloster von allen Frohnden, Atzung und sonstigen dem Schirmherrn schuldigen Diensten [1] auf solange, als

[1] Wackheim, I., S. 141.

die derzeitigen Inhaber der genannten Pfarreien noch lebten und daher
deren Nutzniessung der Abtei Limburg noch nicht zu gut kommen konnte.
Ebenso befreite er im folgenden Jahre das dem Kloster gehörige sogenannte Hundhaus in Schifferstadt von aller Atzung und von Frohnden
und befahl, dass dem Abte und Convent zwölf Jahre lang jährlich achtzig
Malter Korn durch die Kellerei Neustadt verabfolgt werden sollten.[1]
Abt Machar sah ein, dass er vorläufig unmöglich die Mittel auftreiben
konnte, um an einen Wiederaufbau seines Klosters zu denken; auch
mochte ihm die Nähe der Hartenburg, mit deren Besitzer er immer noch
im Streite lag, bedenklich erscheinen. Er traf deshalb im Jahre 1508
einen Tausch mit dem Prämonstratenser Kloster in Lautern[2] und erwarb
dadurch den Pfarrhof zu Wachenheim. Diesen vergrösserte er durch
den Aukauf der anliegenden Gebäude und verkaufte zur Deckung der
Kosten unter Einwilligung des Churfürsten das Schloss Friedelsheim an
Junker Hans von Hirschhorn. Nun sammelte er wieder seine Mönche
und bestellte Johann von Deidesheim zum Prior.[3]

Mittlerweile hatte im Jahre 1500 die Aussöhnung zwischen dem Churfürsten und dem Grafen Emich VIII. stattgefunden und letzterer bereits
wieder mehrere Dörfer, Gülten und Zehnten von ersterem zu Lehen
empfangen.[4] Abt Machar hielt es deshalb an der Zeit, auch seinerseits
zu einem Frieden mit den Leininger Grafen zu kommen. Der Churfürst
vermittelte, die streitenden Teile zeigten auch beiderseits Entgegen-
kommen; da starb am 18. Februar 1509 der Churfürst, und damit waren
auch alle Verhandlungen wieder abgebrochen. Machar, hierdurch aufs
Neue enttäuscht, wurde schwermütig und starb noch im November des
gleichen Jahres in Speyer, wurde jedoch in Wachenheim begraben.
Sein Nachfolger

1509. Wernher, Breder von Hohenstein, vorher Probst zu Naumburg,

---

[1] Wochteus, I, S. 153.

[2] Remling, a. a. O., I., S. 111 und 316. Von diesem Akte wurden vier Originale ausgefertigt;
eines liegt im Kreisarchiv zu Speyer, ein zweites befindet sich im Staatsarchiv zu Luzern, ein drittes auf
der Grossh. Universitätsbibliothek zu Heidelberg. Letzterem sind die Abbildungen der Siegel von Abt
und Convent zu Limburg (vergl. Fig. 3 und 4) entnommen. Das Abteisiegel ist zwar auf der einen Seite stark
beschädigt, doch in seinen wesentlichen Teilen erhalten.

[3] Lehmann, Geschichte des Klosters Limburg, S. 71.

[4] In dem zu Heidelberg ausgestellten Lehenbrief bezieht sich jedoch der Churfürst die Schirmvogtei
über Limburg selbst vor. Diese Schirmgerechtigkeit durch Unterpfalz wurde im Jahre 1518 durch Kaiser
Maximilian bestätigt. Vergl. Lehmann, Dürkheimer Thal, S. 115 und Remling a. a. O., S. 143.

erbat sich ein Probejahr aus und liess so lange die Probstei Naumburg
durch den Prior Johann von Deidesheim verwalten, nahm übrigens später
die Abtswürde endgültig an. Sein Lieblingswunsch war, die Abtei
Limburg wieder aus ihren Trümmern erstehen zu sehen. Zur Verwirk-
lichung dieses Gedankens war es vor allem geboten, sich mit dem Grafen
von Leiningen auszusöhnen. Unter Vermittlung dreier hiezu bevollmäch-
tigter Äbte, sowie des Domprobstes zu Speyer und des Grafen Ludwig
von Löwenstein, Herrn zu Scharfeneck, kam 1510 endlich ein Vergleich
zustande. Nun wandte sich Abt Wernher an Churfürst Ludwig V. mit
der Bitte um Unterstützung seines Bauvorhabens. Der Churfürst entsprach diesem Ansinnen, und es kam dieserhalb im Jahre 1512 ein Vertrag zwischen ihm und dem Limburger Convent zustande, laut welchem
der Churfürst aus jedem pfälzischen Oberamte zwei bis drei Fuhren zu
gelegenen Zeiten bewilligte, die Abtei dagegen den Churfürsten als
ständigen und rechtlichen Schirm- und Kastenvogt anerkannte.[1] Und
nun wurde mit dem Wiederaufbau der Abtei begonnen. Abt Wernher
zog in die Limburger Kellerei zu Dürkheim, um die Arbeiten besser
überwachen zu können. 1515 verglich der Churfürst zwischen dem Abte
und der Gemeinde Lambsheim wegen des Holzrechtes in Walzen und
Sommerthal.[2] 1516 übergab der Churfürst dem Limburger Convente das
in der Nähe gelegene Kloster Schönfeld, welches er, nachdem der Kaiser
den Grafen Emich von Leiningen in Acht gethan, an sich genommen
hatte, samt allen Nutzniessungen und Lasten unter der Bedingung, dass
Abt und Convent, falls es dem Churfürst gefalle, genanntes Kloster
dem Grafen Leiningen zurückzugeben, oder falls es sonst vom Grafen
Emich oder dessen Erben angesprochen oder erobert würde, sich
dessen nicht weigere, auch keine Forderung hierwegen an den Churfürsten zu machen habe.[3] Als Gegenleistung treten Abt und Convent
am gleichen Tage das seither innegehabte Hundhaus in Schifferstadt
dem Churfürsten zum erblichen Eigentum ab. 1519 schloss der Churfürst
mit dem Grafen von Leiningen einen Vertrag, in welchem ausdrücklich
bedungen wurde, dass der Graf den Limburger Abt wegen des pfälzischen Schirmrechtes nicht bedrängen, seinen Gerechtigkeiten keinen

[1] Wehler, a. a. S. 308, vergl. auch Note 4 S. 38.
[2] Lehmann, Geschichte des Klosters Limburg, S. 77.
[3] Wardwein, s. a. a. O. Urkunde, S. 159 und 163.

Abtrag thun oder ihn gar seines Amtes entsetzen solle. 1520 brachen
in der dem Kloster unterstellten Probstei Naumburg Unruhen unter den
Mönchen aus, die dem Abte viele Sorgen machten;[1] doch Ärgeres traf
ihn durch den 1525 ausgebrochenen Bauernkrieg, in dessen Verlauf ein

Fig. 10. Westfaçade des gotischen Turmes.

Haufe aufrührischer Bockenheimer Bauern in das Kloster eindrang und
nach Herzenslust plünderte und zerstörte.

Nachdem dieses Unwetter verzogen, traten wieder Händel mit den
Leininger Grafen in den Vordergrund. Letztere hatten in der von Lim-

[1] Bernhard, Wetterauische Altertümer I., S. 129 ff.

burg belehnten Vogtei Dürkheim eigenmächtig allerlei Änderungen vorgenommen, durch welche sich Abt und Convent in ihren Rechten beeinträchtigt sahen. Gütliche Verhandlungen führten zu keinem Ziel, weshalb Abt Wernher bei dem Churfürsten gegen den Grafen von Leiningen klagend auftrat, aber in den Vorbereitungen zu diesem langwierigen Prozesse ereilte ihn der Tod im Jahre 1531. Ihm folgte

1531. Apollo von Vilbel als Abt zu Limburg. Derselbe war vorher Probst zu St. Peter auf dem Ugesberge bei Fulda und wird als gelehrter, unternehmender und doch vorsichtiger Mann gerühmt. Er nahm sofort mit allem Nachdrucke den von seinem Vorgänger eingeleiteten Prozess gegen Leiningen auf und erzielte durch Vermittlung des Churfürsten Ludwig V. im Jahre 1534 einen für das Kloster äusserst günstigen Vergleich,[1] laut welchem die Neuerungen des Grafen eingestellt und alle alten Rechte des Klosters Limburg bestätigt wurden. Sodann betrieb Apollo den Weiterbau der Abtei und lenkte sein Augenmerk hauptsächlich auf die Wiederherstellung der Klostergebäude. 1536 unternahm er eine Reise nach seiner früheren Probstei Ugesberg, starb aber daselbst und wurde auch dort begraben. Nun erhielt

1537. Siegfried von Bergen,[2] seither Prior der Probstei Naumburg, die Abtswürde. Seine nächste Thätigkeit wurde durch abermalige Streitigkeiten mit dem Grafen von Leiningen in Anspruch genommen. Er weigerte sich, dem Grafen von Leiningen die frühere Belehnung über Dürkheim zu geben, weil letzterer sich einen Acker, verschiedenes Bauholz etc. unrechtmässiger Weise angeeignet habe. 1537 kommt durch Vermittlung des Churfürsten ein abermaliger Vergleich zustande. 1539 belehnte der Abt den Grafen Ludwig von Stollberg mit der Vogtei Sulzbach. 1510 erneuerte er dem Grafen von Leiningen die Lehen der Vogteien Dürkheim und Frankenstein, ferner verkaufte er demselben im gleichen Jahre die auf Leiningenschen Gütern zu Hartenburg, Hausen und Grethen haftenden abteilichen Zinsen. 1541 hatte er mit dem Domkapitel in Speyer „Irrungen" wegen des Zehnten von zehn Morgen Weinbergen, die früher dem Kloster Schönfeld gehörten. Es kam zur Klage vor dem Churpfälzischen Hofgericht. Ein Urteil desselben ist nicht

---

[1] Würdtwein, tom. I., S. 366 ff.

[2] Lehmann führt hier zunächst Abt Martin Rebstock an, während derselbe erst auf Siegfried folgte. Vergl. Remling, S. 145, Anmerkung 85, ebenso Würdtwein, S. 83 und Widder, S. 315.

bekannt, doch blieb Limburg im Genusse des Zehnten. Inzwischen förderte Siegfried den Bau der Klostergebäude. Von ihm rührt auch das Abtsgebäude[1] her (vergleiche Grundriss Tafel II). Ferner baute er den Chor als Notkirche aus. Zu diesem Behufe liess er den Triumph-bogen zwischen Vierung und Chor in seiner ganzen Höhe ausmauern. Diese Mauer erhielt drei Spitzbogenöffnungen als Zugang; über der mittleren befindet sich eine Tafel mit folgender Inschrift: „Conradus II. Imperator Cenobium istud fundavit Anno Domini 1035 Sigfridus de Bergen Abbas Hoc opus fieri fecit Anno Domini 1551. Ut inceptum perge!" Zu deutsch: „Kaiser Konrad II. gründete dieses Kloster im Jahre des Herrn 1035. Abt Siegfried von Bergen liess dieses Werk vollenden im Jahre des Herrn 1551. Wie angefangen, so vollende!" — Abt Siegfried starb 1553. Von seinem Nachfolger

1553. Martin Rebstock wird berichtet, dass er Siegfrieds Kirchenbau vollendete und am 21. März 1554, am Tage des heiligen Benedikt, seit fünfzig Jahren wieder das erste Hochamt celebrierte.[2] Auch wurde diesem Abte die Wiederherstellung des grossen Brunnens im Abtsgarten im Jahre 1558 zugeschrieben.[3] Nun folgte im Jahre 1560

1560. Johann IV. von Bingenheim, früher Oberkellermeister auf Limburg. Er trat sein Amt unter den ungünstigsten Auspicien an, weil die starke Ausbreitung der Reformation in den pfälzischen Landen den Klöstern den Lebensnerv unterband. Churfürst Otto Heinrich von der Pfalz hatte sich gleich bei Beginn seiner Regierung zur neuen Lehre bekannt, bereits am 23. Januar 1556 die Abschaffung des seitherigen Gottesdienstes verordnet und am 4. April desselben Jahres eine neue Kirchenordnung er-lassen. Auch verschiedene Limburger Mönche waren von der reforma-torischen Bewegung ergriffen worden; das Gleiche war in der Probstei Naumburg seit dem im Jahre 1558 erfolgten Tode des Priors Sebastian Isenburger geschehen. Um sich wenigstens eines Teiles der auf ihn

---

[1] Von Lehmann trug als Badehaus bezeichnet. Nach demselben, Dürkheimer Thal, S. 273, befand sich über dem Portal dieses Baues folgende Inschrift: Anno Domini 1549 Hat D.H.S.V.B. Abt. D.B.M Inen D M Staed. Stein ME. G.V.W. welche er folgendermassen entziffert: „Im Jahre des Herrn hat der Herr Siegfried von Bergen, Abt, dieses Badehaus machen lassen durch Melchior Stael, Steinmetz, geboren von Wachenheim." Es scheint Lehmann nicht bekannt gewesen zu sein, dass die Ordensregel der Bene-diktiner das Baden verbot; vergl. hierüber Ladewig a. a. O., S. 19.

[2] Remling a. a. O., S. 146.

[3] Widder a. a. O., S. 313, Würdtwein I., S. 83.

42

hereindrängenden Sorgen zu erwehren, beschloss Abt Johann den Ver-
kauf der Probstei Naumburg, welcher auch im Jahre 1561 mit Einwilligung des neuen Churfürsten Friedrich III. zu stande kam, und zwar
erwarb Graf Philipp von Hanau-Münzenberg genannte Probstei samt
allen Gütern und geistlichen Lehen um die Summe von 18,000 Gulden.
Im Jahre 1562 überwies Abt Johann die Gefälle des St. Antoniusaltares
zu Dürkheim und der Hospitalpfründe daselbst zur Creirung der Stelle
eines Schullehrers, da die Bewohner zu arm seien, um aus eigenen Mitteln
einen Lehrer bestellen zu können.[1] Bald darauf erliess der Churfürst
ein Verbot, wonach keine neuen Conventualen mehr in Limburg aufgenommen werden durften, beliess aber dem Abte Titel und seitherige
Stellung. Sodann schickte er 1560 einen Heidelberger Professor, Dr.
Caspar Olevian, in die Abtei, um Abt und Mönche zur neuen Lehre zu
bewegen. Waren dessen Bemühungen auch zunächst vergeblich, so
gingen doch in den nächsten Jahren auch mehrere Limburger Mönche
zur neuen Lehre über. 1571 liess der Churfürst dem Abte einen welt-
lichen Schaffner namens Peter Finkensässer an die Seite stellen, der alle
Einkünfte und Gefälle der Abtei zu verwalten hatte. 1574 starb Abt Johann
und ward in der Pfarrkirche zu Wachenheim begraben.

Der Prior nebst zwei treu gebliebenen Mönchen mussten nun in die
Kellerei nach Dürkheim übersiedeln und wurden dort bis an ihr Lebens-
ende unterhalten. Die reichen Einkünfte[2] der Abtei wurden der vom
Churfürsten errichteten allgemeinen Kirchengefälle-Verwaltung einverleibt.[3]

Im Laufe des dreissigjährigen Krieges bemühte sich der Benediktiner-
orden, wieder in den Besitz der Abtei zu kommen. Thatsächlich wurde
1621 Johann Jordans aus dem Kloster Deutz bei Köln zum Abte ernannt
und im Jahre 1621 unter dem Schutze der österreichischen und spanischen

[1] Originalurkunde d. d. den 20. Oktober 1562 im Staatsarchiv zu Luzern.
[2] Die jährlichen Gefälle bestanden aus 1148 Gulden Geld, 20 Fuder Wein, 1717 Malter Korn,
91 Malter Hafer, 382 Malter Spelz, 38 Malter Gerste, 1½ Malter Nuwe, 16 Pfund Wachs, 50 Pfund Öl,
85 Gänsen, 181 Kapaunen und 390 Hühnern. Remling, S. 147.
[3] Die Urkunde des Klosters, welche auch nach Heidelberg verbracht wurden, sind leider wieder
mehrfach zerstreut worden. Unter anderem ist ein Teil derselben als Bestandteil des sog. „Gatterer'schen
Lehrapparates" im Jahre 1839 an das Kloster St. Urban im Kanton Luzern verkauft worden; nach der
im Jahre 1848 erfolgten Aufhebung dieses Klosters wurde der gesamte Gatterer'sche Apparat zunächst
der Kantonsbibliothek zu Luzern einverleibt, wird aber seit 1870 getrennt im Staatsarchiv zu Luzern
aufbewahrt (vergl. Th. v. Liebenau in der Archivalischen Zeitschrift 1877, II., S. 204–230).

Waffen wieder in den Genuss der Limburger Gefälle eingesetzt, bald
darauf aber von den Schweden wieder verjagt. Drei Jahre später kehrte
er nach der Limburg zurück und wurde im Jahre 1645 von dem fürst-
bischöflichen Generalvikar Gangolph von Speyer feierlich in sein Amt
eingewiesen, auch von dem päpstlichen Nuntius Fabio Chigi, der sich
damals der Friedensverhandlungen wegen in Münster i.W. aufhielt, bestätigt.[1] 1648 erwirkte der Abt einen Befehl des Erzherzogs Leopold
Wilhelm, Statthalters der Niederlande, durch welchen ihm die Abtei mit
allen Gütern und Gefällen für immer eingeräumt wurde. Allein im westphälischen Frieden wurde die Limburg mit allen Nutzniessungen wieder
dem Churfürsten von der Pfalz zugeteilt und infolge dessen Abt Jordans
im Jahre 1651 mit Gewalt von der Limburg vertrieben. Er suchte zwar
nun überall und stets seine Rechte auf Limburg geltend zu machen,
liess sich auch im Jahre 1661 von dem päpstlichen Nuntius in Köln,
Marcus Gallius, Bischof von Rimini, in seiner Würde bestätigen, doch
war diese Bestätigung auf dem Papier alles, was er erreichte. Er starb
1666 als Pfarrer in Zornheim.

Während des dreissigjährigen Krieges, ebenso in späteren Kriegen,
namentlich denen der französischen Revolution, wurde die Limburg
öfters mit Truppen besetzt und zerfiel nach und nach immer mehr. Die
Ruinen wurden anfangs dieses Jahrhunderts von den Franzosen ver-
steigert und sind seit 1817 Eigentum der Stadt Dürkheim, die dieselben
mit Gartenanlagen versehen liess und möglichst in ihrem dermaligen
Zustande zu erhalten sucht.

Ein vor drei Jahren angestellter Versuch, verschiedene Restaurationen
vorzunehmen, ist glücklicherweise wieder aufgegeben worden, und ist
man zur Zeit damit beschäftigt, die noch stehenden Mauern durch eine
Abdeckung gegen die Einflüsse der Witterung zu schützen.

---

[1] Würdtwein I, S. 190 und 197.

II.

Baukunstlerische Urheberschaft der Limburger Kirche und Stellung der letzteren in der Geschichte der Baukunst.

Wie in geschichtlicher, so nimmt die Limburger Klosterkirche auch in baukünstlerischer Hinsicht eine ganz hervorragende Stellung ein. Sie war mit der bedeutendste Kirchenbau der früh-romanischen Periode; an absoluter Grösse wird sie zwar von den fast gleichzeitigen Kirchenbauten zu Speyer und Hersfeld übertroffen, aber in ihrer ruhigen, wahrhaft monumentalen Wirkung, der geschlossenen Einheit ihrer Erscheinung und dem Wohllaut ihrer Verhältnisse steht sie unerreicht da; sie bezeichnet den Höhepunkt des Schaffens der früh-romanischen Baukunst und entsprach somit ganz den hohen Absichten ihres kaiserlichen Stifters.

Angesichts der geschichtlichen und künstlerischen Bedeutung eines solchen Bauwerkes gewinnt auch die Person des Künstlers, der es erschaffen, und die „Schule" aus der es hervorgegangen, erhöhtes kunstgeschichtliches Interesse. Leider fehlen jegliche zuverlässige Nachrichten über den Baumeister der Limburger Kirche. Während Simonis[1] die Thätigkeit eines solchen dem Bischofe Walther von Speyer, Schleuning[2] dem Bischofe Reginbald von Speyer, aus der Zeit seines früheren Aufenthaltes im Kloster zu Lorsch, zuschreiben möchten, nehmen die meisten Kunstarchaeologen und Historiker, so unter anderen Adler,[3] Bresslau[4] und Ladewig[5] den Abt Poppo

---

[1] Simonis a. a. O., S. 36.
[2] Schleuning, die Michaelsbasilika auf dem heiligen Berge bei Heidelberg, S. 30 ff.
[3] Adler, Zeitschrift für Bauwesen 1878, S. 430 ff. Adler, Deutsche Bauzeitung 1870, S. 339.
[4] Bresslau a. a. O., II., S. 397 ff und 413.
[5] Ladewig a. a. O., S. 30 ff.

---

von Stablo als Baumeister an; letztere stützen sich vornehmlich auf cap. 17 der Vita Popponis. Bresslau und Adler sprechen sogar von einer Popponischen oder Stabloer Bauschule. Da Adlers Quellen [1] in letzter Linie auch auf der Vita Popponis basieren, so erscheint es zunächst geboten, genannte Biographie etwas näher auf ihre Wahrhaftigkeit zu prüfen. Nach den Untersuchungen Ladewigs ist die Vita Popponis, wie sie jetzt vorliegt, die zweite Bearbeitung einer älteren Schrift [2], und zwar von dem Abte Everhelm von Hautmont, zur Zeit als sich derselbe im St. Peterskloster auf dem Blandinischen Berge bei Gent aufhielt, veranstaltet. Everhelm, ein Verwandter und begeisterter Schüler Poppos, hat nun seine Vita Popponis nach Art mittelalterlicher Heiligenbiographien in durchaus panegyrischem Sinne abgefasst. Der Zweck ist ihm massgebend, auf die Wahrheit kommt es ihm aber öfters nicht an.[3]

Hieraus folgt, dass in all den Fällen, in denen eine anderweite Bestätigung fehlt, die Mitteilungen der Vita Popponis auf ihre innere Wahrscheinlichkeit zu prüfen sind. Vor einer solchen Prüfung vermag aber die Urheberschaft Poppos von Stablo als Baukünstler und Leiter des Limburger Kirchenbaues nicht Stand zu halten.

Schon oben wurde Konrads II. Verhältnis zu Bischof Burkhard von Worms erwähnt. Dass Konrads Erwählung durch die mittelrheinischen Bischöfe geradezu als Protest gegen das Eindringen der Cluniacenser Reformbewegung und zur Abwehr gegen dieselbe betrieben wurde, weil sich die deutschen Bischöfe durch die Cluniacenser Reform in ihrer ganz einzigartigen Machtstellung bedroht sahen, ist erwiesen.[4] Wie wäre es nun denkbar, dass Kaiser Konrad so bald nach seiner Erwählung einen so eifrigen Verfechter der Cluniacenser Reform, wie es Poppo war, den heimischen Bischöfen gleichsam zum Trotz in das Herz von deren Bistümern berufen hätte? Es ist durchaus unwahrscheinlich, dass dieser staatskluge, nüchtern überlegende Fürst sich die treuesten Anhänger seiner Stammlande sofort verfeindet hätte,[5] während er in den ersten Jahren seiner Regierung in stete Kämpfe gegen rebellische Unterthanen (wie z. B. die Herzöge von Lothringen und Burgund)

[1] Siehe Note 3. S. 35.
[2] Nämlich eines Mönches des Blandinischen Klosters, namens Onulf, S. 1033–1052.
[3] Ladewig sagt unter anderem a. a. O., S. 72: „Legen kann Everhelm trotz Enem", S. 83: „Nun fängt die Vita Popponis ganz grob zu lügen an" (weiter siehe S. 139 ff.); auch Bresslau spricht a. a. O. II., S. 407 von handgreiflicher Unwahrheit der Vita Popponis.
[4] Vergl. Pratz a. a. O., S. 290 ff.; Giesebrecht II., S. 217 ff.
[5] Mit Bischof Aribo von Mainz verfeindete sich der Kaiser zwar alsbald infolge dessen Weigerung,

verwickelt war, auch der Zustand der polnischen Verhältnisse seine Aufmerk-
samkeit und Thatkraft erforderte, und er überdies auf Anrufen der deutschen
Partei in Italien bereits im Frühjahr 1026 über den Brenner nach Italien
zog, von wo er erst im Mai 1027 zurückkehrte.

Die Unwahrscheinlichkeit solcher Voraussetzung wird durch verschiedene
feststehende Thatsachen noch mehr hervorgehoben. So vor allem durch den
Verkehr des Kaisers mit den Speyrer Bischöfen hinsichtlich seiner Limburger
Stiftung (siehe oben S. 6 und 7), ein Verhältnis, das kaum denkbar ist, wenn
man annimmt, dass dem Abte Poppo von Anbeginn die oberste Leitung über
den Bau der Limburger Kirche übertragen gewesen sei.

Poppo war zur Zeit von Konrads Thronbesteigung Abt des Klosters
St. Maximin bei Trier und liess es auch nicht an sofortigen Ergebenheits-
bezeugungen dem Kaiser gegenüber fehlen. Nichtsdestoweniger nahm ihm
der Kaiser bald darauf ein zu seinem Kloster gehöriges Gut — Hanweiler —
weg, weil es ihm gerade gefiel.[1] Dies deutet doch keineswegs auf eine
Poppo besonders freundliche Gesinnung. Letzterer war nun allerdings ein
überaus kluger, gewandter Mann, der sehr bald einsah, dass die kirchlichen
Dinge nicht vom Kaiser selbst, sondern von dessen Gemahlin Gisela behandelt
wurden, und hat es bald verstanden, durch Gisela dem Kaiser näher zu treten
und sich ihm vor allem in politischen Dingen nützlich zu erweisen. So ist
die rasche Unterwerfung der lothringischen Herzöge im Jahre 1025 vorzugsweise Poppos diplomatischer Mission zuzuschreiben. Es wird deshalb viel-
fältig als eine Belohnung für solche Dienste angesehen, dass der Kaiser
der Cluniacenser Reformpartei, deren eifriger Vertreter Poppo war, nach und
nach einige Klöster in Deutschland überliess.

Nach Würdtwein[2] hätte der Kaiser im Jahre 1029 diejenigen Abteien
königlichen Rechtes in Deutschland, welche zur Zeit eines Vorstandes ent-
behrten, dem Abte Poppo von Stablo unterstellt, damit sie dieser selbst oder
durch geeignete Männer verwalte. Diese Nachricht, wohl cap. 19 der Vita

des Kaisers Gemahlin Gisela zu krönen; aber um so mehr hatte er Grund, gegen die andern Bischöfe
eine gewisse Rücksicht zu nehmen. — Eine Bestätigung dieses Umstandes und gleichzeitig des geringen
Interesses, welches Konrad II, in seinen ersten Regierungsjahren — und nur auf diese kommt es hier
an — für Poppos Reformbestrebungen hatte, liegt auch in des Kaisers Verhalten gegen Bischof Reginar
von Lüttich, den letzten lothringischen Kirchenfürsten, der sich energisch gegen das Eindringen der cluni-
censer Reformbewegung wehrte. Vergl. Breslau II, S. 229 und 417, auch S. 47.

[1] Ladewig, S. 78.
[2] Würdtwein a. a. O., I. S. 32 und 33.

Popponis entnommen, ist nachweislich in diesem Umfange unrichtig, denn von den etwa sechzig Reichsabteien jener Zeit waren überhaupt nur sechs Poppo unterstellt, nämlich Limburg, Epternach (Echternach), St. Ghislain, Hersfeld, Weissenburg und St. Gallen.[1]

Von diesen kommen baulich nur Epternach, Weissenburg und Hersfeld in Betracht. Aus der Verwandtschaft dieser Bauten mit Limburg wird meist geschlossen, dass sie alle von demselben Baumeister oder dessen Schule seien, und daraus auch zu beweisen gesucht, dass Poppo, bezw. die Stabloer Bauschule der Urheber sei.[2]

Nun wurde das St. Willibrords Kloster zu Epternach im Jahre 1028 dem Einfluss Poppos übergeben, nachdem der seitherige Abt Urold (1007-1028) abgesetzt worden war. Dieser Abt Urold liess jedoch schon 1016 den Bau der Epternacher Kirche beginnen, und als 1028 Poppos Schüler Humbert eben dahin kam, war die Kirche bereits bis zur Fensterhöhe fertig. Es kann also von einem Einfluss Poppos oder seines Schülers auf die Planbildung von Epternach durchaus keine Rede sein.[3] Ebensowenig ist dies bei Weissenburg der Fall.

Dieses erhält Poppo 1032 zur Reform, aber der Bau der St. Peter und Pauls Kapelle daselbst ist zu jener Zeit schon so weit vorgeschritten, dass dieselbe 1033 eingeweiht wird und zwar durch Bischof Reginbald von Speyer, folglich kommen auch für diesen Bau Poppo und seine Schule nicht in Betracht. Es bleibt somit von den Abteikirchen nur noch Hersfeld zu betrachten. Dessen Kirche wurde 1037 begonnen, also zu einer Zeit, als Poppos Schüler bereits dort im Amte waren. Hersfeld besitzt nun allerdings, namentlich im Äussern, grosse Ähnlichkeit mit Limburg. Dieses beweist aber vorläufig weiter nichts, als dass der Hersfelder Baumeister die Limburger Kirche (die ja 1035 schon im Äussern fertig war, siehe oben S. 7) kannte. Dass beide Kirchen etwa von derselben Hand herrühren, ist nicht anzunehmen, da Hersfeld das Ebenmass der Limburger Kirche, vor allem hinsichtlich des Grundplanes, bei weitem nicht erreicht.

[1] Ledewig, S. 119.

[2] Bresslau II, S. 397 und Adler in Zeitschriften für Bauwesen 1878, S. 430 ff.

[3] Abgesehen davon, gehört Epternach überhaupt nicht zur Limburger Gattung. Es ist eine Pfeilerbasilika und durch Türme römische Vorbilder stark beeinflusst.

[4] Vergl. die Aufnahme von Rohn und Hensfeld in Denkmäler der Baukunst, herausgegeben von den Studierenden der Kgl. Bauakademie zu Berlin, sowie Dehio und von Bezold, die christliche Baukunst des Abendlandes.

Ganz anders liegt das Verhältnis zum Dome in Speyer. Fast gleichzeitig mit dem Limburger Kirchenbau von demselben Kaiser Konrad II. gegründet, sollte er als kaiserliche Grabeskirche die Limburger Kirche, die damals unbestritten bedeutendste Deutschlands, nach allen Richtungen übertreffen. Nichts ist natürlicher, als dass der Kaiser denselben Baumeister, der die Limburger Kirche schuf, auch zu seinen Speyrer Kirchenbauten (Dom und St. Johanniskirche) berief. Und in der That ist die Planbildung des Speyrer Domes in seiner Ruhe und Klarheit dem Limburger Plane und namentlich die überaus grossartige Krypta des Speyrer Domes auch in ihrer technischen und formalen Behandlung dem Limburger Kirchenbau so innig verwandt, dass man wohl annehmen muss, dass beide Bauten Werke eines und desselben Künstlers sind. [1]

Diese Annahme ist auch zur Zeit die vorherrschende und deshalb wird auch meist Abt Poppo von Stablo als Baumeister des Speyrer Domes genannt, da er derjenige von Limburg, Weissenburg, Hersfeld etc. gewesen sein soll. [2] Aber weder die Forschungen von Giesebrecht, Bresslau u. s. w. noch auch Ladewigs ausführliche Untersuchungen der Vita Popponis bringen für die Urheberschaft Poppos am Speyrer Dombau irgend einen Beleg. Zudem muss man es doch als ausgeschlossen betrachten, dass der begeisterte Lobredner Poppos — Abt Everhelm — der so eingehend über alles berichtet, was zu Poppos Ruhme gereicht und selbst vor Mirakel und starker Übertreibung nicht zurückschreckt, Poppos Beziehungen zu Speyer, der grössten und durch das unmittelbare Verhältnis zu Kaiser Konrad bedeutendsten aller Kirchenbauten der damaligen Zeit, vergessen hätte! Nirgends berichtet die Vita Popponis von irgend welchen Beziehungen des Stabloer Abtes zu Speyer, während wir sonst durch sie in ausführlicher Weise über dessen Thätigkeit und seine Beziehung selbst zum kleinsten der Klöster unterrichtet werden.

Man ist deshalb vollauf zum entgegengesetzten Schlusse berechtigt und darf sagen: weil keine Beziehungen Poppos von Stablo zu Speyer bestanden, konnte er auch nicht der Baumeister des Domes und der Johanniskirche zu Speyer sein und ebensowenig derjenige der Limburger Kirche; denn alle drei

[1] Vergl. Schnaase, Geschichte der bildenden Künste im Mittelalter, II., S. 378. Das gleiche gilt auch von der gleichzeitig gegründeten, im vorigen Jahrhundert abgetragenen Johanniskirche (später St. Guido genannt) zu Speyer. Siehe III. Teil, S. 69

[2] Siehe Adler, Deutsche Bauzeitung 1870, S. 359 ff. und Zeitschrift für Bauwesen 1878, S. 160 Otte, Geschichte der romanischen Baukunst in Deutschland, Leipzig 1885, S. 211 und 242. Dohme, Geschichte der deutschen Baukunst. Berlin 1887, S. 57.

müssen mit einer an Gewissheit grenzenden Wahrscheinlichkeit als Werke eines und desselben Künstlers angesehen werden.

Für die Prüfung der vorliegenden Frage ist schliesslich kein Bau so wichtig als die Abtei und Kirche zu Stablo-Malmedy, dem Abtsitze Poppos, da sie die einzige von allen ist, von der gewiss ist, dass sie durch Poppo 1033 begonnen und unter seiner Verwaltung 1040 — also fast gleichzeitig mit Limburg und Hersfeld — vollendet wurde.[1] Hier ist sicher anzunehmen, dass der Stabloer Abt nicht nur alle seine Liebe und Sorgfalt, sondern auch sein ganzes baukünstlerisches Können eingesetzt haben wird. Aber die Vita Popponis teilt mit, dass ein Baumeister namens Hubaldus die Stabloer Kirche gebaut hat und erzählt von der grossen Angst und Sorge Poppos, als genannter Hubaldus eines Tages von der Kanzel fiel und beinahe das Leben verlor.[2]

Von der Stabloer Kirche sind nur noch Reste ihres Turmes (siehe Fig. 11) vorhanden, an welchen dessen Anschluss an Mittel- und Seitenschiffe noch deutlich erkennbar ist. Aus diesen Resten lässt sich in Verbindung mit älteren Abbildungen die allgemeine Disposition der Kirche sicher feststellen.[3] Hiernach war die Anlage eine dreischiffige mit Querhaus und Chor. Vor dem Mittelschiff befand sich ein einziger mächtiger quadratischer Turm. Es ist dies der im XI. Jahrhundert in den Provinzen des heutigen Belgiens übliche Typus; so findet sich die gleiche Anlage eines einzigen derben quadratischen

---

[1] Sie wurde am 5. Juni 1040 eingeweiht; diese Weihe ist ausführlich beschrieben in Steindorff Jahrbücher Heinrich III., I., S. 87 ff.

[2] Ladewig, S. 51 und Vita Popponis cap. 21.

[3] Die jetzige Kirche zu Stablo bewahrt ausser dem berühmten Sarkophag des hl. Remaclus eine aus dem XVI. Jahrhundert stammende Ledengruppe, aus Silber getriebene Portraitbüste des hl. Poppo. Auf dem hohen Arme ruht das Modell — Seitenansicht — der Stabloer Kirche. Hier erscheinen die Fensteröffnungen als Doppelfenster und zwar und es Rundbogenfenster, über welchen sich in der Mitte ein kleines kreisrundes Fenster befindet. Diese drei Fenster werden alsdann durch einen halbkreisförmigen Entlastungsbogen gemeinsam überspannt. Im Ganzen sind sternha Fensterachsen angegeben, von denen acht auf das Langhaus und je drei auf das Querhaus und den Chor entfallen. Der Turm ist mit einem sehr spätere, durchbrochenen Helm versehen und in belgisch-gotischen Formen gehalten. Diese Abbildung entspricht dem Turmhelm, den Fürstabt Wilhelm Graf von Manderscheid und Blankenheim in den Jahren 1534—1546 neu errichten liess. Dieser Zeit entstammt auch der in gotischen Formen vollzogene Umbau des untern Teiles des Turmes und das noch erhaltene sehr schöne Sernagewölbe im Innern des Turmes vergl. Abbildung Fig. 11). Ob die Einwölbung der Kirche erst damals oder schon früher erfolgte, ist nicht festgestellt, doch ist ein viel früheres Datum wahrscheinlich. An den Pfeilerresten des noch stehenden Teiles erkennt man, dass die Leitlinie des Mittelschiffgewölbes ein Halbkreis war siehe Fig. 11). Im Jahre 1701 am 5. Juni wurden Turmhelm und Kirchenhebung durch einen Blitzstrahl zerstört, aber sofort Wiederherstellungsarbeiten begonnen und solche 1703 beendet. In den französischen Revolutionskämpfen des vorigen Jahrhunderts wurde die Kirche ganz zerstört und in den Jahren 1801 bis 1803 abgetragen, ein Schicksal, vor welchem der Turm wohl nur durch seine dicken Mauern bewahrt wurde. Zur Zeit dient derselbe als Klavienlager einer dortigen Gerberei. Vergl. auch de Noue, Finden

50

Turmes an der Westseite in St. Gertrud von Nivelles, St. Ursmer bei Lobes, St. Dionysius, St. Jakob und der hl. Kreuzkirche zu Lüttich.[1]

Diese Anordnung, die, wie Schnaase hervorhebt, auf westphälischen Einfluss zurückzuführen ist, ist jedoch so grundverschieden von derjenigen zu Limburg, Speyer, Hersfeld und überhaupt dem ganzen frühromanischen Typus,

Fig. 11. Thurmruine der Kirche zu Stablo.

wie er am Mittelrhein und im Elsass auftritt, dass man es einfach als unmöglich bezeichnen muss, dass diese so verschiedenartigen gleichzeitigen Bauten Werke eines und desselben Baukünstlers bezw. seiner Schule seien.

historiques sur l'ancien pays de Stavelot et Malmédy, Liége 1848, S. 180, 181 und Villers, Fr. Aug., Histoire chronologique des Abbés-Princes de Stabelot et Malmédy, publiée par J. Alexandre, Liége 1878, 1879 und 1880, I., 101, 308, II., 176, III., 477. Von den Bauten Poppos in Malmédy ist keine Spur mehr vorhanden. Villers schreibt gegen 1790 von der Krypta zu Malmédy „grotte de St. Remacle)": „existent jusqu'aux nos jours", allein zu Anfang dieses Jahrhunderts sind dieselben, wie uns an Ort und Stelle berichtet wurde, beseitigt worden. Vergl. Villers a. a. O. I., 102, de Noue a. a O., S. 180.

[1] Schnaase a. a. O. II., 418.

41

Endlich, wenn auch gewiss nicht in letzter Linie, genügt ein kurzer Rückblick auf Poppos bewegtes Leben,[1] um sich sagen zu müssen, dass ein solches Leben und die dabei entfaltete fieberhafte Thätigkeit eines Agitators und Reiseapostels ganz unvereinbar war mit der erforderlichen stätigen, wir möchten sagen sesshaften Thätigkeit eines Baukünstlers, und dass man eine so hohe Meisterschaft, wie sie die Limburger Kirche und der Dom zu Speyer aufweisen, nicht als fahrender Ritter, denn ein solcher war Poppo bis zu seinem dreissigsten Lebensjahre, sondern nur durch jahrelange Ausdauer und Übung von Jugend an erwerben kann.

Aus alledem geht hervor, dass Abt Poppo von Stablo kein Baukünstler war, und dass die seither übliche Annahme samt der Stabloer Bauschule in das Bereich der Legende gehört.

Hiermit sollen nun keineswegs Poppos Verdienste um die Förderung und die Ausbreitung der kirchlichen Baukunst geschmälert, im Gegenteil dieser Thätigkeit die grösste Anerkennung gezollt werden. Abt Poppo war sich der gewaltigen zivilisatorischen Macht der Baukunst voll bewusst, er gebrauchte sie als mächtigen Faktor, um der von ihm mit so ungewöhnlicher Hingebung vertretenen Reformpartei Macht und Ansehen zu verschaffen, und war gewiss auch persönlich von grossem künstlerischem Interesse beseelt.[2]

Mit der Erkenntnis, dass Abt Poppo von Stablo nicht der Baukünstler, sondern lediglich der eifrige Reformator und Organisator der in Frage stehenden Klöster war, fällt auch die an jene irrige Annahme weiter geknüpfte Schlussfolgerung, dass die Bauweise der Limburger und der ihr verwandten Kirchen eine cluniacensische, bezw. burgundische sei.[3] Der bauliche Einfluss Clunys auf Deutschland datiert erst aus späterer Zeit, wie aus einer kurzen Betrachtung der Baudenkmale Burgunds unschwer zu ersehen ist. Von der alten Abteikirche zu Cluny (981 unter Abt Majolus erbaut) sind nur spärliche Nachrichten auf uns gekommen. Nach Viollet-le-Duc[4] hatte sie den üblichen Typus der Kirchen des X. Jahrhunderts, nämlich Säulenbasilika mit einer

[1] Ladewig, S. 23—37.

[2] Eine um das Jahr 1040 v. a. Poppo mit noch zwei Männern seiner Heimat unternommene Pilgerfahrt nach Jerusalem mochte ihm der erste und nachstliebare künstlerische Anregung gegeben haben, um so mehr als der eine seiner Begleiter, namens Lanzo, Baukünstler war. Etwa im Jahre 1025 unternahm Poppo eine zweite Pilgerfahrt und zwar nach Rom; er kannte also die dortigen grossen Kirchen aus eigener Anschauung.

[3] Vergl. B. Riehl, Denkmale frühmittelalterlicher Baukunst in Bayern, bayer. Schwaben, Franken und der Pfalz, und Mehls, im Korrespondenzblatt des Gesamtvereins der deutschen Geschichts- und Altertumsvereine 1890, No. 2.

[4] Viollet-le-Duc I, S. 167 und 168.

43

in der ganzen Breite vorgelagerten Vorhalle nach Art der altchristlichen Basiliken und einem Querschiff; nach Osten drei absidiale Ausbauten, die Glockentürme indes zu beiden Seiten in den Ecken, welche die Seitenschiffe mit dem Querschiff bilden, also über dem östlichen Endjoch der Seitenschiffe. Diese Anlage weicht demnach in zwei wesentlichen Punkten — Behandlung der Vorhalle und Stellung der Glockentürme — so sehr von Limburg ab, dass es unmöglich letzterem zum Vorbilde gedient haben kann; auch scheint jener Bau nur ein Nützlichkeitsbau in primitiver Ausführung gewesen zu sein. Über die gleichzeitigen Abteigebäude zu Cluny besitzen wir durch eine Äusserung des Nachfolgers des Majolus, des Abtes Odilo, des Zeitgenossen Kaiser Konrads II.,[1] eine sehr bemerkenswerte Nachricht. Dieser gewaltige Mann, der vielleicht mehr denn irgend einer für die Ausbreitung und Machtstellung des Cluniacenser Ordens gethan, liess die Abteigebäude von Grund aus neu bauen und zwar so prächtig wie möglich, so dass er nach Vollendung dieser Arbeiten den Ausspruch thun konnte: „Ich habe eine hölzerne Abtei vorgefunden und hinterlasse eine aus Marmor".[2] Es folgt hieraus, dass bis zu jenem der Gründung von Limburg so nahe liegenden Zeitpunkte sich die Baukunst der Cluniacenser noch auf primitive Holzbauten beschränkte, dass also die cluniacensischen Mönche damals unmöglich schon in der Lage sein konnten, geschulte Baumeister und Steinmetze in die Welt hinauszusenden. Odilo bezog sicherlich zugleich mit dem Marmor auch Arbeiter aus Italien, andere vielleicht aus den anstossenden östlichen, also deutschen Landen, wo, wie wir weiter unten sehen werden, bereits eine blühende Bauthätigkeit vorhanden war. Der nun folgende überaus grossartige Neubau der Abteikirche zu Cluny, vom Abte Hugo im Jahre 1089 begonnen, 1131 geweiht und 1220 vollendet, hat für die vorliegende Frage naturgemäss keine Bedeutung.

Zu demselben Resultate führt aber auch eine Betrachtung der übrigen Bauten Burgunds aus damaliger Zeit. Das älteste bekannte Baudenkmal, von dem noch sichere Kunde vorhanden ist, war die im Jahre 1001 vom Abt Wilhelm von St. Bénigne zu Dijon erbaute Kirche.[3] Sie war in Kreuzesform angelegt, daran schloss sich ein höchst merkwürdiger Rundbau, dreistöckig mit zwei Umgängen um eine mittlere Rotunde, welche alle Stockwerke durchsetzte. — Nach Viollet-le-Duc war diese Rotunde eine Nachbildung der hl.

---

[1] Odilo, seit 996 Abt zu Cluny, starb 1048; er begleitete den Kaiser Konrad auf dessen ersten Römerfahrt im Jahr 1027.

[2] Viollet-le-Duc I., S. 251.

[3] Viollet-le-Duc IV, S. 452 ff., VIII S. 282 ff. Schnaase a a O. II, S. 508.

Grabeskirche in Jerusalem. Sie wurde durch italienische Arbeiter ausgeführt und wurden mehr denn hundert Marmorsäulen zu dem Bau aus Italien bezogen.

Ein zweiter Bau desselben Abtes Wilhelm war die i. J. 1007 begonnene Kirche St. Philibert in Tournus,[1] ein gewölbter, schwerfälliger Bau, der sich dadurch besonders auszeichnet, dass das Langhaus mit Tonnengewölben überwölbt ist, die senkrecht zur Längenachse des Langhauses gerichtet sind und auf rundbogigen tieferliegenden Quergurten aufsitzen, ein beachtenswerter Versuch, um Seitenlicht für das Mittelschiff zu ermöglichen, ein Problem, das erst durch das gotische Kreuzgewölbe seine Lösung fand. Weiter ist an dieser Kirche das Vorhandensein einer Vorhalle, besser Vorkirche genannt, bemerkenswert, da dieses Motiv in Burgund üblich wird und später bei dem Bau der i. J. 1089 begonnenen Abteikirche zu Cluny zu seiner grössten Entfaltung kam.

So äusserst interessant und wichtig diese Dinge für die allgemeine Baugeschichte sind, so fehlt doch beiden Kirchen, St. Bénigne und St. Philibert, auch jede Relation mit Limburg. Da alle sonst bekannten burgundischen Kirchen später als die Limburger errichtet wurden, so folgt hieraus, dass irgend ein bautechnischer Einfluss Burgunds bezw. der Cluniacenser auf den Bau der Limburger Kirche ausgeschlossen ist.[2] Letztere ist vielmehr das Werk deutschen Geistes, wie überhaupt der romanische Stil als ureigenstes deutsches geistiges Eigentum in Anspruch genommen werden muss.[3] Dies geht aus einer Betrachtung gleichzeitiger Bauthätigkeit in deutschen Landen zur Genüge hervor.

An den uns überkommenen Bauten der Karolingschen Epoche (Aachen, Ottmarsheim), sind die Anfänge des romanischen Stiles noch kaum bemerkbar, da dieselben noch zu sehr in der römischen Tradition befangen waren. Trotzdem besitzen wir Nachrichten über zwei Bauten der Karolinger Zeit, aus denen sich auf die frühesten Anfänge der Entwicklung des romanischen Stiles schliessen lässt. Der eine ist die Einhardsbasilika in Steinbach bei Michelstadt,[4] welche ein bemerkenswertes Zeugnis dafür abgiebt, dass zu jener

[1] Siehe die Abbildungen bei Schnaase II., S. 511, ferner in Denkmäler der Baukunst, herausgegeben von den Studierenden der Bauakademie in Berlin, Abt. I., Bl. 5b.

[2] Dass die beiden Führer der cluniacensischen Reformpartei in Burgund, nämlich Abt Odilo von Cluny und Abt Wilhelm von St. Bénigne bei Dijon, welche beide den Kaiser auf seinem Römerzuge i. J. 1027 begleiteten, von da ab keine Beziehungen mehr zum Kaiser hatten, ist historisch erwiesen, vergl. Brezlav a. a. O. II., S. 403.

[3] Vergl. auch F. von Loher in Allgemeine Zeitung 1890, Beilage No. 202.

[4] Vergl. Adamy, Die Einhardbasilika in Steinbach I D., Darmstadt 1885.

Zeit neben Karls des Grossen Vorliebe für centrale Kuppelbauten in den mittleren Rheingebieten die altchristliche Basilikaanlage als Vorbild diente. Der zweite Bau ist das Kloster zu Lorsch, von dessen Bauweise die Lorscher Chronik[1] ausdrücklich berichtet, dass sie „more antiquorum et imitatione veterum" gewesen sei, also nach alter Art und in Nachahmung der Alten. Dieser Ausspruch setzt doch eine neue Art voraus, welche man als die damals landläufige annehmen muss. Die noch vorhandene Vorhalle jenes Lorscher Klosters[2] beweist, dass unter der alten Art die römische Bauweise verstanden war; man wird daher in der neuen Art die ersten Keime des sich aus römischer Tradition entwickelnden romanischen Stiles betrachten dürfen.

Nach Karls des Grossen Tod ging dessen gewaltiges Reich in Trümmer und die Absonderung der germanischen und romanischen Völker fand statt. Für Deutschland brach verhältnismässig bald — gegen Ende des IX. und zu Anfang des X. Jahrhunderts — eine überaus traurige Zeit herein. Fortgesetzte Bürgerkriege im Innern des Reiches lähmten dessen Kraft und machten es zum Spielball fremder Raubgier.

So brachen von Norden die Normannen, von Osten die Slaven herein, und am ärgsten litt es durch den Einfall der Ungarn, deren beutegierige Reiterschwärme alle Städte und Niederlassungen an der Donau wie am Rheine in Schutt und Asche legten. Dass in solchen Zeiten der Not Künste und Handwerk vollständig lahm gelegt waren, versteht sich ganz von selbst.

Erst die sächsischen Kaiser brachten dem Reiche wieder Ruhe und geordnete Zustände und, damit zusammenhängend, wieder erwachende Bauthätigkeit; allerdings zunächst nur in den Stammlanden der sächsischen Kaiser, so in Quedlinburg, Memleben, Hamersleben u. a. a. O.

Leider ist von diesen Bauten fast alles zu Grunde gegangen, nur die Reste der Wipertikrypta in Quedlinburg und die älteren Teile der Stiftskirche zu Gernrode[3] sind aus jener Zeit auf uns gekommen. Aus dem Wenigen treten immerhin die Anfänge des romanischen Stiles deutlich hervor.

Zu Ottos des Grossen Zeit (936—973) waren es ausser den sächsischen Stammlanden nur die Uferlande des Mittel- und Oberrheines, in welchen sich wieder bedeutendere Anfänge einer lebhafteren Bauthätigkeit zeigten, und

[1] Chronic. Laurishamense (coll. Struve hess, I, S, 51

[2] Siehe Abbildung bei Otte, S. 107; ferner Adamy, Die fränkische Thorhalle und Klosterkirche zu Lorsch, Darmstadt 1891.

[3] Siehe Schnaase a. a. O. II., S. 343 und 315.

zwar zunächst auf dem Gebiet des Kirchenbaues. So in Trier, Mainz und vor allem in Strassburg, wo Erchenbald trotz niederer Herkunft wegen seiner hervorragenden künstlerischen und wissenschaftlichen Bildung i. J. 965 zum Bischofe gewählt wurde. Von ihm sind angeblich zweiunddreissig Kirchen und neunzig Kapellen geweiht worden.[1] Wenn auch alle diese Bauten wohl nur Nützlichkeitsbauten waren, nur bestimmt, dem augenblicklichen Bedürfnisse zu genügen, und darauf berechnet, später durch solidere und prächtigere Bauten ersetzt zu werden, so wurde doch durch dieselben eine gewisse technische Fertigkeit ausserordentlich gefördert, wofür die Anzahl und Grösse der Bauten des XI. Jahrhunderts ein deutlicher Beleg sind.[2]

Als einer der wichtigsten und unmittelbaren Vorgänger des Limburger Kirchenbaues ist das Münster zu Strassburg zu bezeichnen. Schon zur Zeit Ludwigs des Frommen bestand daselbst ein vollständiger Münsterbau,[3] eine kreuzförmige dreischiffige Basilika, die i. J. 873 vom Feuer beschädigt und 1002 bei der Erstürmung Strassburgs durch Herzog Hermann von Schwaben verwüstet wurde. Von Bischof Werner rasch wieder hergestellt, wurde sie im Jahre 1007 durch Blitzschlag vollständig bis auf den Chor zerstört. Bischof Werner fasste nun einen vollständigen Neubau ins Auge, doch stellten sich diesem Vorhaben allerlei Schwierigkeiten in den Weg, so dass erst im Jahre 1015 der Grundstein zu dem neuen Münster gelegt werden konnte.

Aus den vorhandenen Resten in der Krypta und verschiedenen älteren Nachrichten lässt sich nur so viel sagen, dass jener Bau eine kreuzförmige, dreischiffige Basilika mit gerader Holzdecke war. An der Westseite befand sich eine Vorhalle, von welcher drei Thüren in das Innere der Kirche führten,

[1] Otte a. a. O. S. 175.
[2] Otte a. a. O. S. 147 sagt über die sich damals entwickelnde Bauthätigkeit wörtlich: „Im Laufe des XI. Jahrhunderts entwickelte sich eine wahrhaft monumentale Bauthätigkeit, in welcher die Bischöfe mit den Kaisern wetteiferten. Wo es noch hölzerne Kirchen gab, traten nicht steinerne an deren Stelle. Die Grosse und die Pracht der bischöflichen Pfalzen nahm zu, und die Kathedralstädte, in deren die Bischöfe als Grafen schalteten, wurden mit stärkeren Mauern und Thürmen befestigt. Es befriedigte nicht mehr, dem obwaltenden Bedürfnis zu genügen, man wollte auch für die Nachwelt bauen und für den Nachruhm. Darum baute man aufwendiger, massenhafter und prachtvoller. Man machte sich an Pläne, deren Ausführung mehrere Menschenalter in Anspruch nahm, und errichtete Dome, welche in ihrem riesenhaften Umfange kaum je übertroffen worden sind. Ja in mehreren Fällen steigerte sich die allgemeine Baulust des Episkopates bis zu förmlicher Manie; denn was der Vorgänger nur eben vollendet hatte, genoss bereits dem Nachfolger nicht mehr; er riss es schonungslos nieder, um ein grösseres und glänzenderes Werk an seine Stelle zu setzen. So wurde das XI. Jahrhundert die Epoche, wo auf dem Felde des Kirchenbaues, und zwar zuerst an den Hauptsitzen kaiserlicher und bischöflicher Macht, der allgemeine Fortschritt entstand, vom Bedürfnisse zum Denkmalbau." Vergl. auch Breslau a. a. O. II., S. 396.
[3] Vergl. Adler, in Deutsche Bauzeitung 1870, S. 350.

von welchen die mittlere grösser als die beiden seitlichen war. Vor dieser Vorhalle war ein Vorhof mit auf Säulen ruhendem gedeckten Umgange angeordnet.[1] Ob es eine Pfeilerbasilika bezw. eine solche mit Stützenwechsel oder eine reine Säulenbasilika war, ist nicht bekannt, doch das letztere wahrscheinlich. Die Chorabsis war nach aussen rechteckig geschlossen.

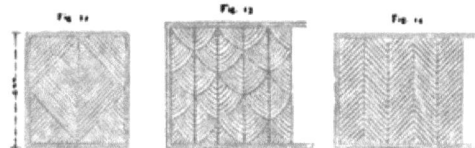

Quadersteine im Schiff und Nordostturm der Kirche zu Limburg a H.

Quadersteine an der Krypta zu Limburg a H.   Quadersteine am Nordostturm zu Limburg a H.

Ein Blick auf den Grundriss der Limburger Kirche zeigt, dass die erwähnten Merkmale im Wesentlichen beiden Anlagen eigen sind. Da jene

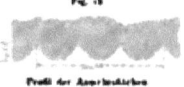

Profil der Aussenbasteken

Merkmale, mit Ausnahme des geradlinigen Chorabschlusses, die charakteristischen jener Epoche sind, so würde dies an und für sich kein Beweis für die unmittelbare Zusammengehörigkeit beider Bauten sein. Allein es existiert noch ein sehr wichtiges lapidares Zeugnis, welches die Limburger Kirche auf Strassburg, bezw. Strassburger „Schule" zurückführt.

[1] Vergl. Grandidier, Essais historiques et topographiques sur l'Église Cathédrale de Strassbourg, S. 23 ff. Adler, welcher nach a. a. O. S. 359 ebenfalls auf Grandidier bezieht, spricht auffallendes Weise

Es ist dies die ganz eigentümliche Art der Bearbeitung der Werksteine. Auf die vorzügliche Technik des Limburger Kirchenbaues wird später noch zurückzukommen sein; hier handelt es sich zunächst nur um die formale Behandlung der dort verwendeten Sandsteinquader, soweit solche ohne Putzüberzug, also sichtbar blieben. Die Bearbeitung dieser Steine ist in hohem Grade merkwürdig.

Wie aus den Fig. 12 bis 17 ersichtlich, sind die Steine zunächst durch einen ca. 25 mm breiten Schlag eingerändert. Innerhalb dieses Randes sind die Läufer mit fortlaufenden, die Binder mit abgepassten zentrierten Mustern versehen. Diese geometrischen Muster sind mit dem Spitzmeissel 5–8 mm tief eingehauen, in der Breite kommen drei Hiebe auf ca. 50 mm. Da bei dem tiefen Einschneiden des Spitzmeissels zu beiden Seiten desselben der Stein ausspringt, so bilden sich keilförmige Nuten (vergl. Fig. 18), die sich auf der oberen Fläche des Steines fast berühren. Hierdurch erhält der Stein zwischen den Meisselhieben ein kreissegmentartiges Profil, was den Gesichtsflächen der Steine ein überaus prächtiges, von Kraft und Leben strotzendes Aussehen verleiht.

Charakteristisch für die Läufer sind die senkrechten Hiebe, deren Entfernung von einander zwischen 9 und 12 cm variert; sie bilden die Leitlinien, an welchen sich die übrigen Schläge symmetrisch anreihen. Für die Binder kommen am meisten Zeichnungen ähnlich Fig. 15 und Fig. 19 vor, für die Läufer meist Fig. 13 bezw. Fig. 21 und Fig. 16 bezw. Fig. 20, doch finden sich noch eine ganze Menge aller möglichen Variationen vor.

So merkwürdig und beachtenswert diese Technik an sich ist, so nimmt sie unser Interesse noch in erhöhtem Maasse in Anspruch durch den Umstand, dass die ganz gleiche Technik in der Krypta des Strassburger Münsters vorkommt.

Der östliche Teil dieser Krypta, der dem im Jahre 1015 gegründeten Münsterbau angehört, enthält noch etwa ein Dutzend alter Quadersteine, welche sicher der Erbauungszeit angehören, während die übrigen Steine, wie sich unzweideutig aus der Struktur der Mauern ergiebt, in späterer Zeit erneuert wurden. Jene ursprünglichen Quadersteine des östlichen Teiles der

trotzdem von einem Glockentorm an der Westseite; zwischen Kirche und Vorhof gelegen, ohne jedoch irgend welche Begründung für diese Behauptung zu bringen, welche nicht nur den Mitteilungen Grandidiers, sondern vor allem auch der baugeschichtlichen Tradition jener Zeit und Gegend zuwiderläuft. Vermutlich entspricht jener Bau dem oben, S. 42 angeführten Typus und darf man deshalb wohl zwei Glockentürme annehmen, welche über den östlichen Jochen der Seitenschiffe errichtet waren.

Strassburger Krypta zeigen nun die ganz gleiche merkwürdige Bearbeitung der Gesichtsflächen, wie solche die Limburger Kirche aufweist.

Ein Vergleich der Steine nach Fig. 12 bis 17, welche an der Limburger Kirche, mit solchen der Fig. 19 bis 22, welche an dem östlichen Teil der Krypta des Strassburger Münsters gemessen wurden, ergiebt eine solch

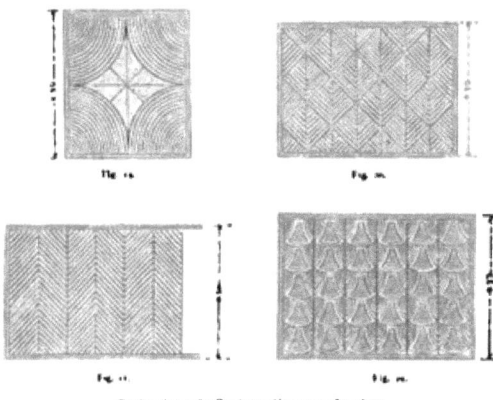

Fig. 19.   Fig. 20.

Fig. 21.   Fig. 22.

Quadersteine in der Krypta des Münsters zu Strassburg.

frappante Ähnlichkeit nicht nur in der äusseren Form, sondern auch in den absoluten Grössenverhältnissen, dass an einem Zusammenhang beider Bauten nicht gezweifelt werden kann.

Diese Verwandtschaft Limburgs mit Strassburg tritt noch in ein besonderes Licht, wenn man einige gleichzeitige und Limburg benachbarte Bauten in den Kreis dieser Vergleiche zieht und wahrnimmt, dass Limburg mit seiner eigentümlichen Technik in diesem Kreise vereinzelt dasteht. An den ältesten Teilen des Domes zu Speyer ist weder am Äussern noch im Innern der Krypta die besprochene Steinmetztechnik aufzufinden, doch ist hier zu berücksichtigen, dass dieses Bauwerk öfters zerstört wurde, und namentlich, dass bei der letzten Restauration die Wände und Gewölbe mit Putz überzogen wurden, und dadurch gerade die Teile, an denen besagte Technik zu erwarten wäre, dem Auge entzogen sind. Die unteren Teile der Ostfaçade des Domes zu Mainz, welche dem vom Bischof Bardo im Jahre 1036 geweihten Bau angehören, zeigen nirgends eine Spur der mehrerwähnten Spitzmeisseltechnik. Ebensowenig die ältesten Teile der Pauluskirche in Worms, welche annähernd der gleichen Zeit entstammen.

Die Thorhalle zu Lorsch ist viel älter und von anderen Formen und anderer Technik; die noch vorhandenen Teile der Kirche stammen aus dem XII. Jahrhundert, die frühere Kirche ist im Jahre 1090 abgebrannt, und es sind weder Reste noch genaue Nachrichten von ihr vorhanden. Dagegen hat Adamy in Häusern zu Lorsch Steine gefunden, die offenbar früheren Klosterbauten angehörten und die mehrerwähnte Spitzmeisselbearbeitung zeigen, allerdings in ziemlich primitiver unbeholfener Form. Dieselben dürften vielleicht aus Merowingischer Zeit stammen, sicherlich sind sie viel älter als die Periode, welche in Limburg und Strassburg vertreten ist.

Dass diese Technik zur Gründungszeit der Limburger Kirche an Bauten der Lorscher Äbte nicht in Übung war, dafür besitzen wir ein untrügliches Zeugnis an der Michaelsbasilika auf dem hl. Berg bei Heidelberg.[1] Sie wurde gleichzeitig mit der Limburger Kirche erbaut und zwar durch den damaligen Lorscher Abt Reginbald, der sich schon in seinen früheren Stellungen zu Regensburg und Ebersberg am Inn nachgewiesenermassen als Baukünstler ausgezeichnet hatte und wohl vorzugsweise dieser seiner Eigenschaft wegen, im Jahre 1031 von Kaiser Konrad II. auf den Bischofsstuhl in Speyer berufen wurde.[2]

Diese Michaelsbasilika nun, die durch Schleuning wieder ausgegraben wurde, zeigt in genügenden Resten von Mauerwerk, Säulen, Kapitälen und Basen die unveränderte Architektur Reginbalds; sie ist daher, wie kein anderer der genannten Bauten, zu einem direkten Vergleich mit Limburg geeignet.

Wäre, wie Schleuning glaubhaft machen möchte, Reginbald auch der Erbauer der Limburger Kirche gewesen, so müsste bei der Gleichzeitigkeit der Erbauung, der verhältnismässigen Nähe beider Orte und dem ganz gleichen Material (roter Sandstein) und der gleichen Person des Baumeisters die Technik beider Bauten absolut die gleiche sein.

[1] Schleuning, W., Die Michaelsbasilika auf dem hl. Berge bei Heidelberg.

[2] Welche Hoffnungen man auf die baukünstlerische Fähigkeit Reginbalds setzte, geht aus der Anrede des Speyrer Dompredigers hervor, mit welcher derselbe den Bischof bei dessen Amtsantritt begrüsste: „Salve, praesul, salve, pastor, salve, pater patriae! Te obtulit vita, te populi inquietudati cooperta, opus te populo exclusis intumpti perdentes tractasti; specto urbis maxi par te spectacio consummatissimo desiderabant etc."; vergl. Remling, Geschichte der Bischöfe zu Speyer, I, S. 267, Note 478.

Fig. 23. Innere Ansicht der Ruine Limburg. Blick nach Südwesten.

Aber gerade das Gegenteil ist der Fall. Während die Limburger Kirche ein ausserordentlich exaktes, gleichmässig gelagertes Mauerwerk aufweist, ist das an der Michaelsbasilika klein, bröckelig und mangelhaft gelagert; während die Limburger Quadersteine eine unübertrefflich genaue Fügung und oben besprochene prächtige Musterung der Gesichtsflächen zeigen, sind die Quader der Michaelsbasilika weit weniger genau gefügt und nur ziemlich roh mit der „Zweispitze" behauen. Auch in formaler Beziehung ist der Unterschied zwischen beiden Bauten ein sehr grosser. Die Säulenbasen und Kapitäle der Limburger Kirche (vergl. Fig. 34 und 35), die sicher zum schönsten und besten ihrer Art gehören,[1] sind denjenigen der Michaelsbasilika[2] an Feinheit der Empfindung ebenso überlegen, wie das Mauer- und Quaderwerk hier, dem dortigen.

Es muss daher als ausgeschlossen betrachtet werden, dass dieselben Kräfte und technischen Traditionen an beiden Bauten thätig waren.

Ein weiterer hier in Betracht kommender Bau ist die St. Peter und Paulskapelle zu Weissenburg i. E. Auch von diesem Bauwerk ist die Zeit seiner Entstehung bekannt. — sie wurde im Jahre 1033 durch obengenannten Bischof Reginbald von Speyer eingeweiht[3] — und die erhaltenen Reste zeigen die unveränderten Formen jener Zeit. Indessen kann auch hier von einer Ähnlichkeit der Architekturteile mit der Limburger Kirche schlechterdings keine Rede sein, weder in technischer noch in formaler Hinsicht. Wohl aber zeigt diese Kapelle dasselbe unregelmässige, bröckelige Mauerwerk, dieselbe Zweispitzbearbeitung der Werksteine, dieselbe hochgezogene, mehr kelchähnliche Form der Kapitäle, wie solche sich bei der Michaelsbasilika auf dem heiligen Berg vorfinden. Es spricht dies ziemlich deutlich dafür, dass Bischof Reginbald die Weissenburger Kapelle nicht nur einweihte, sondern auch ihr Baumeister war.

Wir sehen also, wie die Limburger Kirche mitten in einem Kranze ähnlicher und gleichzeitiger Bauten hinsichtlich ihrer oben besprochenen eigentümlichen Bearbeitung der Quadersteine ganz vereinzelt dasteht, und

[1] Die reine Form der attischen Basis lässt sich am ehesten aus römischen Vorbildern in Strassburg, dieser einst so bedeutenden Romanenniederlassung, beziehend erklären.

[2] Vergl. Schleuning a. a. O., S. 38 und 39.

[3] Die Annales Wizenburgenses (Petz mon. Ser. III., S. 36) besagen anno 1033: „Dedicatum est oratorium Sancti Petri et Pauli in Wurenburg a Reginbaldo Spirense episcopo", wodurch Adlers Annahme (vergl. Zeitschrift für Bauwesen 1878, S. 448), dass diese Weissenburger Kapelle erst aus der zweiten Hälfte des XI. Jahrhunderts, gegen 1080 stamme, urkundlich widerlegt wird. Vergl. auch Kraus, Kunst und Altertum im Elsass I, S. 601. Schleuning a. a. O., S. 39 ff.

finden diese charakteristische Spitzmeissel-Technik erst in der Krypta des Strassburger Münsters wieder und zwar in einer, wie gesagt, geradezu identischen Art und Weise.

Dass aber Strassburg der Ausgangspunkt dieser Technik ist, beweist einerseits das frühere Gründungsjahr jenes Münsterbaues, andererseits das Vorhandensein der gleichen Technik in den von Strassburg baulich beherrschten Gebieten des Elsass, bezw. des oberen Rheinthals. Um nur ein solches Beispiel herauszugreifen, sei hier die berühmte, äusserst interessante Doppelkapelle zu Neuweiler i/E.[1] angeführt.

Hier ist die Suche nach besagter Spitzmeisseltechnik sehr erschwert, da die Kapelle gelegentlich einer im Jahre 1852 vorgenommenen Renovation innen und aussen verputzt wurde.

Trotzdem sind die gesuchten, mit dem Spitzmeissel gemusterten Quadersteine vorzufinden, und zwar in Form und Grösse identisch mit den Strassburger und Limburger Exemplaren. An der linken Wangenmauer des südlichen Treppenlaufes zur Unterkirche ist der Verputz beschädigt, und treten dadurch mehrere der grossen Quadersteine, aus denen jene Mauer gefügt ist, zu Tag. Diese zeigen nun jene gemusterten Gesichtsflächen; namentlich liegt ein nach Figur 10 S. 49 gearbeiteter Binderstein ganz frei vor Augen. Diese Quadersteine befinden sich unterhalb des Niveaus der Oberkirche. Einige oberhalb dieses Niveaus sichtbare Steine zeigen diese Technik nicht oder nicht mehr, während an den Pilastern der Ostseite der Oberkirche wieder Spuren dieser Technik hervortreten. Die Sache lässt sich indessen des vorhandenen Putzes wegen zur Zeit nicht weiter verfolgen.[2]

---

[1] vergl. Viollet-le-Duc a. a. O. II, S. 451 ff., Schnaase a. a. O. II S. 399 und 402, Lübke, Geschichte der Architektur (6. Aufl.) I S. 529, Adler, Zeitschrift für Bauwesen 1876 S. 441–445, 11[...]

[2] An dem aus dem XII. Jahrhundert stammenden Oberbau derselben Kirche zeigt sich wieder eine andere Technik an den Quadern. Die Gesichtsflächen derselben sind auch mit einem Schlag versehen, dass aber mit Charier- und Zahneisen bearbeitet und jeder Stein in der Mitte mit einem Buchstaben versehen (wohl der Name des Steinmetzen.) So kommen dort die Buchstaben R, M und H besonders häufig vor. Diese Technik setzt sich dann auf der Südseite des Langhauses fort. Derartig bearbeitete Steine kommen sehr häufig in Burgund und im südlichen Frankreich vor (vergl. Revoil, l'Architecture Romane) und dürfte daher deren Vorkommen in Neuweiler wohl auf burgundischen bezw. clunyacensischen Einfluss zurückzuführen sein. — Ueberhaupt wenn je ein Bau eine ernste fachmännische Untersuchung und Beschreibung verdient, so ist es die St. Peter- und Paulskirche zu Neuweiler samt dem prächtigen, in einem anstossenden Privathause befindlichen Kapitelsaale. Da, mit der im Osten liegenden Doppelkapelle beginnend, bis zu den zwei Türmen der Westfassade alle Stilarten von frühromanisch bis Barock vertreten sind, und das Vorhandene gut erhalten ist, lassen sich sehr interessante Ergebnisse von einer solchen Arbeit erwarten.

Fig. 24. Innere Ansicht der Ruine Limburg. Blick nach Nordosten.

Sicherlich lässt sich diese Spitzmeisseltechnik noch an gar manchem Bauwerke im Elsass, dieser Fundgrube prächtiger romanischer Bauten, nachweisen. Auch von Peterzell im Schwarzwald wird von solchen Steinen berichtet, welche von einem älteren Bau herrührend, bei dem späteren gotischen Bau wieder mit eingemauert wurden.[1]

Zweifellos ist fragliche Technik eine sehr alte; so fanden wir in Grabgewölben auf dem St. Mathias-Kirchhofe zu Trier gewaltige Sarkophage aus rotem Sandstein, welche erwähnte Technik, wenn auch in ziemlich derber und unbeholfener Form aufweisen. Ebenso sind in Lorsch, Mainz und neuerdings, was zur Bestätigung des Gesagten dient, in einem Merovingergrab zu Ehrang bei Trier[2] die ganz ähnlichen Sarkophage aufgefunden worden.

Mit dem Verfall des römischen Reiches war die Kunst, grosse Quaderverbände zu erstellen, verloren gegangen. Man baute nur noch mit kleinen, mit der Zweispitze bearbeiteten Steinen. Zur Merovingerzeit tritt dann ein neues Element zu dieser primitiven Behandlung, indem die Gesichtsflächen der Steine eine zickzackförmige (fischgratartige) Bearbeitung erhalten, welche mit der Schneide des breiten römischen Meissels (Schlag- oder Chariereisen) hergestellt ist.[3] Diese Art der Bearbeitung entsprang wohl der Vorliebe der germanischen Völker für verschlungene und verkettete Linien, wie solche auch in den Merowinger Gräbern gefundene Schmuckgegenstände vielfach aufweisen.[4] Als man nun später zur Karolingischen Epoche wieder mit grösseren Quadern zu bauen anfing, genügte für die grösseren Flächen diese einfache Musterung des Breitmeissels nicht mehr, und es entwickelte sich nach und nach in den Gebieten des mittleren und oberen Rheinthales, soweit der rote Sandstein reicht, die kräftigere Bearbeitung mit dem Spitzmeissel, um gegen Ausgang des X. und Anfang des XI. Jahrhunderts ihre grösste Entfaltung und ein baldiges Ende zu finden.

Das benachbarte Burgund folgte einer andern Richtung, indem dort wie in den anstossenden französischen Landen die Technik des Breitmeissels zu besonderer Entwicklung kam. Erhaltene Reste aus dem XI. Jahrhundert in Burgund, insbesondere an den Ufern der Saône, zeigen einen eng gedrängten, sehr exakten Breitmeisselschlag, der auf den glatten Flächen senkrecht, bei

[1] Kraus, Baum und Wagner, die Kunstdenkmäler des Grossherzogtums Baden, II S, 81. —
[2] vergl. Korrespondenzblatt der Westdeutschen Zeitschrift für Geschichte und Kunst 1891 Nr. 7
[3] Sehr schöne Abbildungen solcher Steine bei Revoil a. a. O.
[4] vergl. Viollet-le-Duc a. a. O. IX S. 3 bis 7.

Simsgliedern deren Axe entlang steht. — Es ist äusserst interessant zu sehen, wie, als im XII. Jahrhundert durch Cluny burgundische Bauweise auf Deutschland einwirkt, diese feine burgundische Breitmeisseltechnik sich der germanischen Vorliebe für gemusterte Oberflächen anpasst.

So sind z. B. im ältesten Teile der Maulbronner Klosterkirche an den Anten und Seitenkapellen des südlichen Querschiffes eine Anzahl Steine erhalten, deren Gesichtsflächen fischgratartig, also nach Fig. 14, gemustert sind, aber die Zeichnung ist nicht mit dem Spitzmeissel, sondern zierlich und dichtgedrängt mit einem feinen Breitmeissel, dessen Schneide 4 bis 4.5 cm. lang war, eingehauen; auch fehlen naturgemäss die senkrechten Leitlinien. Das Elsass besitzt eine Menge solcher Beispiele; eine fast unerschöpfliche Quelle allermöglichen Steinschläge vom XI. bis zum XIV. Jahrhundert enthält das Strassburger Münster.

Wenn vorstehendem Gegenstande etwas mehr Raum geschenkt wurde, so hat dies darin seinen Grund, dass, wie auch Viollet-le-Duc[1] hervorhebt, die bei der Bearbeitung der Steine angewandte Technik eines der sichersten Mittel ist, um das Alter eines Bauwerkes zu erkennen, und weil die prächtige Limburger Kirche berufen erscheint, auch in dieser Richtung eine Lücke auszufüllen.

Die mehrfach erwähnte Spitzmeisseltechnik an den Limburger Quadersteinen reicht nämlich durchschnittlich nur bis zur Kapitälhöhe der Säulen bezw. der Deckenhöhe der Seitenschiffe, also etwa 8 bis 10 mtr. über den Boden. Von da ab sind die Quader mit „Krönel" und Zahnhammer ohne besondere Zeichnung bearbeitet.[2]

Nach den Ausführungen im ersten Teil dürfte der Bau etwa um das Jahr 1030 diese Höhe erreicht haben, und damit wäre auch für verwandte Bauten, die an ihren ursprünglichen Teilen die gleiche Technik aufweisen, eine Zeitbestimmung insofern gegeben, als man deren Entstehungszeit früher als das Jahr 1030 ansetzen muss.[3]

---

[1] Viollet-le-Duc a. a. O. IX. 1

[2] Nur an Chor und den Ostseiten des Querhauses zeigt fragliche Bearbeitung bis zur Gewölbehöhe, dies würde dafür sprechen, dass jene Teile des Baues etwas schneller hochgeführt wurden, was uns so wahrscheinlicher ist, als der Kirchenbau in der Regel aus dem Chor angefangen wurde, von wo er sich nach Westen hin ausbreitete.

[3] So wissen wir z. B. die viel umstrittene Entstehungszeit der Neuweiler Doppelkapelle, für welche Viollet-le-Duc die X. und Adler und Schnaase das Ende des XI. Jahrhunderts (1080—1090) annehmen, im Hinblick auf die ganz gleiche Quaderbearbeitung, wie sich solche in der Krypta des Strassburger Münsters und an der Limburger Kirche vorfindet, auf den Anfang des XI. Jahrhunderts festzulegen. Und

Fassen wir die Ergebnisse vorliegender Untersuchung nochmals kurz zusammen, so sind es folgende:

1) Abt Poppo von Stablo war kein Baukünstler, ebenso wenig existierte eine nach ihm zu benennende Popponische oder Stabloer Bauschule.

2. Bis zur Erbauung der Limburger Kirche existierte ein baulicher Einfluss Cluny's oder Burgund's auf Deutschland noch nicht, sondern die frühromanische Baukunst am Mittel- und Ober-Rhein hat sich selbständig als eine deutschnationale entwickelt.[1]

3) Die bautechnische Untersuchung der Limburger Kirche und einiger ihr benachbarten Bauten weist auf Strassburg als Ausgangspunkt hin und gibt, da bei Limburg historische und baukünstlerische Forschung Hand in Hand gehen und sich gegenseitig stützen, eine sichere Grundlage ab zur Altersbestimmung frühromanischer Bauten im Elsass, beziehungsweise am Mittel und Ober-Rhein.

dass um so sicheres, als der von Adler für seine so späte Datierung als entscheidend angeregte Grund — nämlich die Anwendung obliegen Kreuzgewölbe mit all den technischen Compromissen wie Stelzen der Quergurten und Stechung der Gewölbekappen, (Adler, in Zeitschrift für Bauwesen 1878 S. 444) — nicht stichhaltig ist, da sich solche obliegen Kreuzgewölbe mit all den erwähnten Kunstgriffen bereits in der Vorhalle der Limburger Kirche vorfinden, vergleiche den Grundplan Tafel III und den Längenschnitt Tafel VI.

[1] Vergl. auch: P. von Lohrr, Entstehung und Ausbildung des romanischen Baustiles, in der Allgemeinen Zeitung 1890 Beilage Nr. 199. — W. Lübke, Zwei deutsche Münster, in Westermanns Monatsheften 1862 S. 201. — Fr. Mertens, Über die Grenze Deutschlands gegen Frankreich, in der Baukunst des Mittelalters, in der deutschen Bauzeitung 1870 Nr. 36.

III.

Baubeschreibung des Klosters.

Unter den Klosterbauten nimmt begreiflicherweise die Kirche das vorwiegende Interesse in Anspruch. Es muss für unsere Forschung als ein Glück bezeichnet werden, dass die Kirche nicht nur aus einem Gusse und in der solidesten Weise erbaut wurde, sondern dass sie auch dank ihrer isolierten Lage von Feuersbrünsten, welche so häufig die Dome und Kirchen in den Städten heimsuchten, Jahrhunderte hindurch verschont blieb und dadurch bis zum Beginne des XVI. Jahrhunderts ihre ursprüngliche Gestalt bewahrte, dann aber auch, dass es nach dem grossen Brande des Jahres 1504 nicht gelang die Mittel aufzutreiben, um die Kirche wieder aufzubauen, denn sicherlich wäre der Neubau in gotischen Formen erfolgt, womit ja an der südwestlichen Ecke schon der Anfang gemacht wurde, und die ursprüngliche romanische Architektur wäre vollständig vernichtet worden, wie dies bei den übrigen Teilen des Klosters thatsächlich geschehen ist.

So viel nun auch zerstört ist, so hat sich doch noch so viel erhalten, dass es möglich war, den ursprünglichen Zustand zu rekonstruieren und sogar noch über einzelne wichtige Details der Konstruktion sicheren Aufschluss zu gewinnen.

Betrachtet man den Grundriss Tafel III, so springen im Vergleich mit den Klostergebäuden sofort die bedeutenden Dimensionen der Kirche in die Augen. Die Gesamtlänge von der äusseren Vorhalle bis zum Chorabschluss beträgt 97,81 m, die grösste äussere Breite am Querhaus 40,74 m.

Das Mittelschiff war im Lichten 11,88 m breit, die Seitenschiffe je 6,60 m, was zuzüglich der Dicke der Mittelschiffobermauern von je 0,90 m eine gesamte lichte Breite von 26,88 m ergiebt.

Die Länge des Mittelschiffes betrug 46,84 m; es war von den Seitenschiffen durch zehn Paare monolither Säulen von 0,90 m unterem Durchmesser
und 7,5 m Höhe getrennt (vergl. Tafel V und VI).

Das Querhaus bestand aus drei quadratischen Feldern, deren Seitenlänge
gleich dem Masse des Mittelschiffes ist, also 11,85 m beträgt. Zuzüglich der
Stirnbreite der Vierungspfeiler von je 1,25 m ergiebt sich eine lichte Breite
des Querhauses von 38,14 m. Die Seitenfelder des Querhauses sind nach
Osten mit je einer halbkreisförmigen Absis abgeschlossen, deren Mittelpunkt
ausserhalb der hinteren Querhausmauer liegt.

Der Chor ist rechteckig, im Lichten 11,68 m breit und 11,18 m tief. Sein
Fussboden lag 1,88 m höher als der des Schiffes, um der unter dem Chore

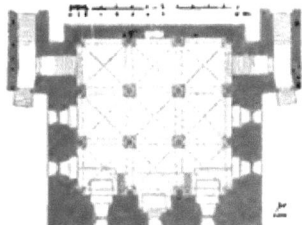

Fig. 25. Grundriss der Krypta.

liegenden Krypta die nötige Höhenentwickelung zu gestatten. Eigentümlich
und selten ist der gerade Abschluss des Chores statt des halbkreisförmigen.

Zwischen dem Chor und den Absiden des Querhauses befand sich auf
gleicher Ebene mit dem Chor je ein gewölbtes Kämmerchen (vergl. das oben
S. 15 über die Marienkapelle des Abtes Rupert Gesagte). Nach Lehmann
soll der eine dieser Räume als Grabgewölbe der Limburger Äbte, der andere
als das der Grafen von Leiningen gedient haben. Ihren Zugang hatten beide
vom Chore aus, erleuchtet wurden sie durch je zwei kleine Rundfenster, wovon
das eine in das Querhaus, das andere ins Freie mündete (vergl. Figur 24
sowie Tafel II, V, und VII. Unter diesen beiden Räumen befinden sich,
symmetrisch gelegen, die Treppen zur Krypta (vergl. Figur 25). Die
Treppeneingänge sind vom Querhaus aus durch kleine Rundbogentüren neben
der Chortreppe (vergl. Figur 24 und Tafel V und VII) und auch vom Freien
aus zu erreichen (vergl. Tafel II und VII). Siebzehn Stufen führen von dem

Querhaus hinab zur Krypta, einem sehr schön proportionierten, ganz symmetrischen Raume (vergl. Figur 25 und 26). Vier Säulen teilten dieselbe in neun quadratische Felder; welche mit Kreuzgewölben überspannt waren.

An der Ostseite der Krypta befanden sich die im Jahre 1035 geweihten drei Altäre (vergl. oben S. 7). Dieselben wurden im Jahre 1880 vom Ver-

Fig. 26. Durchschnitt der Krypta mit Ansicht der drei Altäre.

fasser dieses aus dem Schutte ausgegraben, und dabei fand sich auch eine erhöhte Plinthe, auf der die Altäre standen, nebst zwei Abschlüssen zwischen

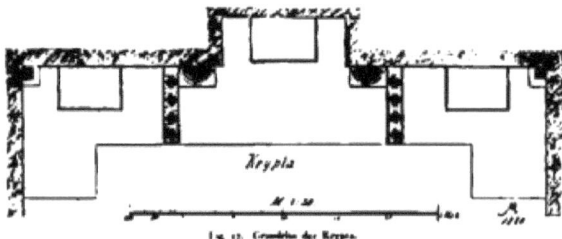

Fig. 27. Grundriss der Krypta.

den Mittel- und Seitenaltären. Diese Abschlüsse waren durch ein einfaches Fuss- und Brüstungsgesims gebildet, welch' letzteres durch zierliche romanische Säulchen getragen wurde (vergl. Figur 26 und 27).

Der Bodenbelag der Krypta bestand, wie vorhandene Reste erweisen, aus einer Art Beton. Figur 9 gibt eine Ansicht des malerischen Zustandes, in welchem sich die Krypta im Jahre 1870 befand.

Der westliche Abschluss der Kirche war kaum minder reich gegliedert als der östliche. Vor dem Mittelschiffe lag zunächst eine vier Stufen über das Schiff der Kirche erhöhte, zwischen zwei Türmen eingebaute, innere Vorhalle.[1] Dieselbe hatte die Breite des Mittelschiffs und 3.62 m Tiefe; sie war mit sechs Kreuzgewölben überspannt, von denen die beiden mittleren eine quadratische, die vier Eckfelder rechteckige Grundflächen hatten (vergl. Taf III), wodurch die oben S. 59 erwähnten technischen Compromisse, wie Stelzen der Gurten, Ueberhöhen der Stichkappen u. s. w., nötig wurden. Die Gewölbe setzten einesteils auf Wandvorlagen, anderenteils auf vier freistehenden Säulen auf, wovon zwei in der Längenaxe der Vorhalle, zwei in der Flucht der äusseren Mauer standen. Diese Säulen hatten attische Basen und Würfelkapitäle, ähnlich denen in der Krypta und in dem Schiff der Kirche, und standen auf besonderen Postamenten, welche die Höhenunterschiede des Terrains ausglichen (verl. Längenschnitt Taf. VI). Von dieser Vorhalle führte eine grosse Eingangsthüre in das Mittelschiff (vergl. Fig. 23); an der gegenüberliegenden Seite stand sie durch drei Bogenöffnungen in unmittelbarer Verbindung mit einer zweiten, äusseren Vorhalle (vergl. Taf. III und VI).

Ueber der ersteren, also der inneren Vorhalle lag die kaiserliche Loge, die sich mit drei Rundbogen nach dem Mittelschiff öffnete. Diese Bogen waren seitlich von Anten, in der Mitte von zwei Säulen getragen, deren Basen und Kapitäle ähnliche Formen zeigen, wie die des unteren Geschosses (vergl. Taf. V).

Zu beiden Seiten der eingebauten Vorhalle befanden sich die beiden Haupttürme von nahezu quadratischer Grundform. Ihr unterstes Geschoss war mit einem halbkreisförmigen Tonnengewölbe überspannt, darüber lagen die Vorräume zur kaiserl. Loge. Nach den Seitenschiffen öffneten sich die Türme in ihrer vollen Breite, während sie nach Westen zu durch je eine grosse Thüre in unmittelbarer Verbindung mit dem Freien standen (vergl. Fig. 23 und Taf. V).

An den äusseren Ecken der Haupttürme war je ein Treppentürmchen angebracht, das seinen Zugang vom Innern der Haupttürme aus hatte.

Als letzter Gebäudeteil der Kirche ist die bereits erwähnte äussere Vorhalle zu betrachten, ein einstöckiger Bau von 11.80 m lichter Länge und

---

[1] Im Jahre 1870 fanden sich noch eine Säule, sowie leicht zugehörige Postamente vor; sie sind jedoch im Laufe der Jahre verschwunden und wahrscheinlich bei Reparaturen verwendet worden. Anfangs des Jahrhunderts dienten die Reste der Limburg geradezu als Steinbruch für die nächstliegenden Orte. Erst seit den allerletzten Jahren hat Ordnung und Aufsicht einigermassen Platz gegriffen

lichter Breite, dessen Fussboden, der Steigung des Terrains entsprechend, um drei Stufen höher lag als der der inneren Vorhalle.

Diese äussere Vorhalle ist fast ganz vom Erdboden verschwunden, so dass seither nur die Umrisse der Grundmauern derselben bekannt gewesen sind. Durch einen glücklichen Zufall kamen dem Verfasser gelegentlich seiner Studien auf der Heidelberger Universitätsbibliothek vier kleine Bleistiftzeichnungen in die Hände, welche Naturaufnahmen der Ruine Limburg von allen vier Seiten darstellen, und von denen die eine die Jahreszahl 1758 trägt.[1]

Die Ansicht der Chorseite ist geometrisch und ziemlich korrekt; die drei andern sind perspektivisch, jedoch ziemlich mangelhaft gezeichnet. Trotzdem lässt sich durch den Vergleich mit den Teilen der Ruine, die heute noch stehen, feststellen, dass der Autor in den Hauptpartien genau das wiedergab, was er sah; nur im Detail ist er willkürlich, zeichnet z. B. Rundbogenfenster viereckig und dergl. mehr. Auf dem einen dieser Blätter, der Ansicht von Westen, ist nun die äussere Vorhalle abgebildet als einstöckiger, niederer Bau mit Satteldach, Rundbogenfenstern und Eingangsthüre von Westen.

Diese Abbildung gab Veranlassung, vergangenen Winter an der südwestlichen Ecke, wo sich ein ca. 1,80 m hoher, ganz mit Gesträuch bewachsener Hügel befand, nachzugraben.

Als erfreuliches Resultat dieser Arbeit fanden sich in der Richtung von a nach b (vergl. Grundriss Taf. III), auf gemeinsamer Bank aufsitzend, die Anfänge der viereckigen Pfeiler a und b vor, sowie zwischen denselben die romanischen Basen von drei freistehenden Säulchen in gleichen Intervallen (vergl. Taf. VI).

Ausser dem erwähnten Eingang von Westen hatte die Vorhalle auch auf der Nord- und Südseite je eine Thüre; dieselben waren dicht an der Hauptkirche gelegen, und ihre aus Quadern erstellten Gewände sind auf der Seite, wo sie in die Westfaçade der Kirche einbinden, noch vorhanden. Auch die Höhe der Vorhalle liess sich feststellen, da an dieser Westfaçade die Spuren der Dachneigung noch erkennbar sind.

Über den eigentlichen Zweck dieser äusseren Vorhalle ist nichts Bestimmtes bekannt. Schon in alter Zeit besassen die Vorhöfe vor den Kirchen

[1] Enthalten in den Manuskripten der Bad'schen Bibliothek, Cod. Heid. 364 Nr. 43. Wie aus einem anderen Manuskripte des Kirchenrates 1945 Wilh. Ladw. Flad, Cod. Heid. 364 Nr. 43 (Bad) hervorgeht, rühren diese Zeichnungen von dessen Bruder Joh. Daniel Flad, ehemal. pfälzisches Administrationsrat und Mitglied der Mannheimer Akademie, her.

gedeckte Gänge, und es scheint, dass das Bedürfnis nach grösserem gedeckten Raume dazu führte, die einst offenen Vorhöfe in gedeckte Vorhallen umzubilden. Nach Grandidier[1] dienten diese Vorhöfe Bettlern und Büssenden zum Aufenthalte, ausserdem befand sich in denselben in der Nähe des Einganges ein Brunnen, an welchem man sich vor dem Eintritt in das Gotteshaus Gesicht und Hände wusch. Diese Brunnen waren in früherer Zeit stete Übung; als man aber später auf die Anlage der Vorhöfe, bezw. Vorhallen verzichtete, wurden die Brunnen durch die Weihwasserbecken am Eingang der Kirche ersetzt.

Es erscheint nun zunächst angezeigt, eine Erläuterung zu unserer auf den Tafeln II bis VII dargestellten Rekonstruktion des ehemaligen Zustandes der Kirche zu geben, um so mehr, als dieselbe in verschiedenen, konstruktiv wie formal wichtigen Punkten ganz bedeutend von den Anschauungen abweicht, welche Hübsch in seinem bekannten Werke[2] niedergelegt hat, und auch die Höhenabmessungen unserer Aufnahmen des öfteren eben so sehr von den bei Hübsch, wie bei Geyer und Görtz[3] wiedergegebenen abweichen.

Im Hinblick auf diese oft bedeutenden Unterschiede sei darauf hingewiesen, dass sämtliche Höhenmasse im Querhaus, Schiff und Chor der Kirche bis zur Oberkante der Mittelschiffmauern, also Dachanfang, ebenso Thüren und Fenster des oberen und unteren Gadens und die noch sehr deutlich sichtbare Neigung der Seitenschiffdächer (vergl. Fig. 21), mit Hilfe von Gerüsten direkt gemessen wurden.

Hiernach liess sich die Rekonstruktion dieser Teile unmittelbar aufzeichnen. Ergänzungen des Verfassers sind die Giebel am Chor und Querhaus, der Vierungsturm, die beiden Haupttürme, soweit sie über das Abschlussgesimse der Mittelschiffmauern ragen, und die beiden runden Treppentürme, von der Höhe von 4.20 m über dem Boden an aufwärts, sowie endlich die Neigung des Mittelschiffdaches. Dass die Dächer von Chor und Querhaus nicht abgewalmt, sondern mit gemauerten Giebeln abgeschlossen waren, muss beim Vergleich mit andern Kirchenbauten jener Zeit, namentlich auch Speyer, von vornherein als das Wahrscheinliche angesehen werden.[4] Abgesehen davon fanden sich auf

[1] Grandidier, a. a. O. S. 25 ff.
[2] Hübsch, die altchristlichen Kirchen; Karlsruhe 1862.
[3] Geyer und Görtz, Denkmale romanischer Baukunst am Rhein; Frankfurt 1846.
[4] Es bleibt durchaus unverständlich, wie Hübsch in seinem oben citierten Werke die Behauptung

der nördlichen wie südlichen Abschlussmauer des Querhauses noch die schräg gemauerten Ansätze der aufsteigenden Giebel vor, so dass dadurch jeder Zweifel beseitigt wurde. Das ehemalige Vorhandensein eines Vierungsturmes geht aber sofort aus der Betrachtung der Ruine hervor. Von den vier Triumphbögen der Vierung sind drei heruntergestürzt nur der vierte, gegen den Chor gerichtete steht noch, weil er später untermauert worden war. An den vier Ecken, in welchen die Triumphbögen zusammen stossen, sind keilförmige Durchbrechungen der Mauer vorhanden (vergl. Fig. 24). Die stark verdrehten Lagen der durchbrochenen Mauerenden deuten auf ein gewaltsames plötzliches Ausbrechen, ausserdem ist ersichtlich, dass der Kern des Mauerwerkes abgeschrägte Widerlagerschichten besass. Für den Architekten kann kein Zweifel bestehen, dass er hier die Widerlager der sogenannten Pendentifs vor sich hat, kleine Gewölbzwickel, welche den Übergang aus dem Viereck ins Achteck vermittelten (vergl. Durchschnitte Taf. VI und VII). Wäre dies nicht der Fall, sondern die Mauern an jener Stelle in gleichmässigem Verbande durchgemauert gewesen, so hätten jene vier symmetrischen keilförmigen Durchbrechungen umsoweniger entstehen können, weil an jener Stelle durch das Hinzutreten der rechtwinklig aufstossenden Chor-, bezw. Mittelschiffwand ein kreuzförmiger Querschnitt der Mauer entstand, wodurch eine ganz besondere Stabilität derselben bedingt war.

Diese technisch konstruktiven Schlüsse werden durch vorhandene ältere Abbildungen in ausgiebigster Weise unterstützt. So zeigt vor allem die oben erwähnte, in den Manuskripten der Batt'schen Bibliothek, Cod. Heid. 364 Nr. 42 enthaltene Zeichnung der Choransicht der Limburg aus dem Jahre 1758 (vergl. Fig. 28) noch eine Seite des achteckigen Vierungsturmes aufrechtstehend. Begreiflicherweise ist es diejenige, welche auf dem den Chor abschliessenden Triumphbogen stand, weil jener durch seine spätere Untermauerung erhalten blieb. Es geht aus dieser Zeichnung weiter hervor, dass die Achteckseite des Vierungsturmes durch ein Rundbogenfenster durchbrochen war. Auch der Altertumsverein in Dürkheim besitzt eine Radierung der Limburg, „J. Rieger Mannheim 1787" unterzeichnet, auf der jene eine Achteckseite

aufstellen konnte, dass der Chor und das Querhaus keinen Giebelabschluss gehabt hätten, sondern mit Walmdächern abgedeckt gewesen seien, sowie ferner, dass die Kirche keinen Vierungsturm gehabt habe, dass die Vierungspfeiler hierfür viel zu schwach gewesen seien und dergl. mehr, — lauter Dinge, welche mit den thatsächlichen Funderbebnissen in direktem Widerspruch stehen, wie wir weiter unten nachweisen werden. Und doch hat Hübsch den Dom zu Speyer restauriert und kannte deshalb auch sicherlich die Ruine Limburg aus eigener Anschauung!

66

des Vierungsturmes angegeben ist; ebenso ist dieselbe noch auf dem Titel-
kupfer des Lehmann'schen Büchleins „Geschichte des Klosters Limburg" aus
d. J. 1822 angedeutet. Ferner geben wir in Fig. 29 die Reproduktion einer
Handskizze von Gladbach,[1] welche derselbe im August des Jahres 1830 nach

Fig. 28. Facsimile der Handzeichnung der Ruinaches Schülendorf (auf der Universitätsbibliothek zu Heidelberg.

der Natur zeichnete. Aus dieser geht zur Evidenz hervor, dass jene eine Seite
des Vierungsturmes erst nach dem Jahre 1830 einstürzte oder abgetragen wurde.

Fig. 29. Übermalte nach der Skizze von E. Gladbach.

Ein weiteres Zeugnis für die Gestalt des Vierungsturmes befindet sich
an der Ruine selbst, und zwar in einem originellen Einbau an der Westseite

---

[1] Wir verdanken die Überlassung dieser Handskizze der Güte des Autors, des Herrn Professors
Ernst Gladbach in Zürich.

Fig. 30. Baldachin am goth. Turm.

Fig. 31. Skulptur am gotischen Turm.

des gotischen Turmes (vergl. Fig. 30 und Fig. 31). Derselbe enthielt einen
mit einem Baldachin überdeckten, grossen bildnerischen Schmuck, Kaiser Konrad
darstellend, wie er knieend dem heiligen Benedikt das Modell der Limburger
Kirche darbringt. Von diesem Bildwerk ist noch die verstümmelte Figur des
Kaisers mit dem Kirchenmodell vorhanden (vergl. Fig. 31). Das Modell
zeigt die eine Ansicht der Kirche, der achteckige Vierungsturm tritt als
starkes Hochrelief aus dem Steine hervor. Die Achteckseite hat je ein
Rundbogenfenster und der Turm schliesst mit horizontalem Gesimse ab. Die
vorderen Türme sind leider abgebrochen und in ihren Umrissen nur noch
schwach an der Bruchstelle erkenntlich. — Da man wohl annehmen darf,
dass bei Anfertigung dieses Bildnisses die Erinnerung an den früheren Bestand
der Kirche noch neu und lebendig war, und sich diese Abbildung mit den
oben besprochenen Zeichnungen deckt, sowie dass alle Darstellungen auch
dem Charakter jener Epoche entsprechen, so kann über die Form dieses
Vierungsturmes kein Zweifel mehr bestehen.

Hinsichtlich der Rekonstruktion der Haupttürme ist anzuführen, dass die
beiden untersten Geschosse samt dem Rundbogenfenster im zweiten Geschoss
noch direkt gemessen werden konnten. Wie Fig. 23 zeigt, ist dieses alte
romanische Fenster noch zur Hälfte vorhanden und in dessen halbe Öffnung
hinein sind die Quader des späteren gotischen Umbaues eingesetzt. Über die
weitere Höhe geben die Zeichnungen in der Batt'schen Bibilothek ebenfalls Aufschluss. Die schon oben angeführte Westansicht der Kirche zeigt, dass damals nicht nur das Mauerwerk des südlichen, sondern auch noch eine Ecke
des nördlichen Hauptturmes erhalten war; beide zeigen vier Geschosse. Als Vorbild für die Turmabschlüsse diente uns eine im Museum zu Speyer befindliche
Abbildung der nicht mehr existierenden Johanniskirche, welche wahrscheinlich
Ende des XI. oder Anfangs des XII. Jahrhunderts gebaut wurde.[1] Der Turm,
der sehr viel Ähnlichkeit mit der Limburger Architektur zeigt, hatte als Abschluss die vier Dreieckgiebel, von deren Ecken aus die Gräte des Dachhelmes
emporstiegen, also die in diesen Gegenden übliche Form.

[1] Diese Kirche ist nicht mit der von Kaiser Konrad II. gegründeten Johanniskirche zu ver-
wechseln. Letztere wurde 1047 zu Ehren des hl. Guido, dessen Gebeine Kaiser Heinrich III aus der
Lombardei mitbrachte und hier beisetzen liess, umgetauft. In der ersten Hälfte des XIII. Jahrhunderts
durch Brand völlig zerstört, wurde sie in gotischen Formen neu erbaut. Im Jahre 1755 stürzte der eine
Turm ein und zerstörte im Fallen einen grossen Teil des Langhauses, welches alsdann in verkleinertem
Masse und veränderter Richtung hinter dem stehengebliebenen linken Turme wieder aufgebaut wurde.
Im Jahre 1821 wurde die Kirche ganz abgetragen. (Vorstehende Daten entstammen einer gütigen Mit-
teilung des Herrn Professors Dr. Harster in Speyer.)

Von den romanischen Treppentürmen ist nur noch ein kleiner Rest des nördlichen Turmes, etwa 1,50 m über Boden, vorhanden, durch denselben jedoch Sockel, Einteilung der Pilaster, Treppenstufen und besonderer Abschluss am innern Eingang festgestellt. Diese Treppentürme vermittelten zunächst den Zugang zu den beiden Vorräumen der kaiserlichen Loge, dann führten sie sicherlich noch ein Geschoss höher, um den Dachraum des Mittelschiffes zu erreichen (vergl. Längenschnitt Taf. VI).

Ob diese Türme, wie auf Tafel IV und V angegeben, zwischen dem ersten und zweiten Geschoss ein Bogengesims hatten, oder, wie auf der Perspektive Tafel II angegeben, die Lisenen ohne diese Unterbrechung bis zum dritten Geschoss durchliefen, wie dies z. B. bei den Treppentürmen der St. Georgs-Kirche zu Hagenau der Fall ist, mag dahingestellt bleiben. Uns scheint das letztere das Wahrscheinlichere. Der obere Abschluss dieser Türme ist freie Ergänzung nach elsässischen und mittelrheinischen Vorbildern.

Schon im II. Teile wurde betont, dass die Ausführung des Limburger Kirchenbaues eine vortreffliche gewesen sei, und hinsichtlich des Bruchsteinmauerwerkes und der formalen Behandlung der Quader bereits das Nötige gesagt. Ergänzend ist hier die ganz vorzügliche Fügung der Quadersteine hervorzuheben. Stoss- und Lagerfugen schliessen so dicht wie nur möglich, die Quader sind ohne Mörtel versetzt; nur eine ganz dünne Lage von Kalk ist sichtbar, die lediglich zur Erleichterung des Hin- und Herschiebens beim Versetzen diente. Heute noch ist es unmöglich, z. B. mit einem feinen Messer in eine Fuge der Vierungspfeiler einzudringen, und was haben dieselben durch Brand und Jahrhunderte lang dauernde Witterungseinflüsse aushalten müssen!

Die schweren Werkstücke wurden alle mit dem sogenannten „Wolf" versetzt. Fig. 32 giebt die Masse eines Wolfloches in den grossen Kapitälen der Mittelschiffsäulen.

Die Dächer waren mit 8—10 mm dicken rheinischen Schiefern eingedeckt, von denen sich in den Spalten des Mauerwerks auf dem Kamme der Querhausmauern noch viele Stücke vorfanden, nebst den zugehörigen Schiefernägeln. Letztere waren vierkantig und hakenförmig (vergl. A Fig. 33) und passten sehr genau in die sorgfältig rechteckig gehauenen Löcher in den Schiefern.

Eine der interessantesten Konstruktionspartien bilden die Fenster, namentlich die des Obergadens am Querhaus. Schon von Ferne fallen die Konsolträger auf, welche sich an den oberen Fenstern des Querhauses befinden (vergl. Taf. II, VII und Fig. 24). Bei näherem Betrachten gewahrt man etwa

70 cm über den Konsolträgern und etwas auf die Seite gerückt, eiserne Ringe, die in das Mauerwerk eingelassen sind. Eine genaue Untersuchung ergab nun folgende merkwürdige Konstruktion (vergl. Fig. 33). Die Fensteröffnungen sind im Lichten 1,60 m breit und 3,15 m hoch, von der Mitte der Mauer aus nach innen und aussen stark abgeschrägt; in der gleichen Weise ist das die Bank bildende Mauerwerk nach beiden Seiten abgedacht, so dass die innere Begrenzungslinie der Lichtöffnung durch einen ziemlich scharfen Grat gebildet wird. Mitten auf diesem Grat war nun die hölzerne Fensterrahme aufgestellt und dann von beiden Seiten mit starkem Putzauftrag eingespeist. Das Fensterrahmholz hatte eine Stärke von 9 cm, wie aus den noch mehrfach erhaltenen Verputznuten hervorgeht. In ihrer Höhe waren die Fensterrahmen dreifach durch Dübelpaare aus Eichenholz gehalten, deren

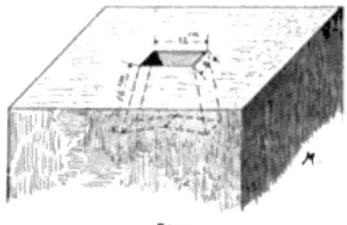

Fig. 33.

Querschnitt 7 auf 9 cm bei einer Länge von 20 bis 25 cm betrug; schmiedeiserne Nägel mit breiten Köpfen befestigten die Fensterrahmen an den Dübeln. In Fig. 33 sind die Dübel B auf der linken Seite im fertig beigeputzten Zustande, rechts deren Einlagerung in die Mauer dargestellt. Die grössere Fig. B in der Mitte zeigt einen solchen Dübel, von denen sich noch viele vorfanden, in grösserem Massstabe. Das hintere eingemauerte Ende ist noch völlig intakt, während das äussere Ende stark abgebrannt, bezw. verkohlt ist. — In den Fugen der durch Feuer und Witterungseinflüsse stark zerstörten Fensterbänke fanden sich eine Menge Glassplitter und Bleisprossen vor, teils ganz zusammenverschmolzen, teils in einzelnen wohl erhaltenen kleinen Stücken (vergl. D Fig. 33).

Das Glas ist 3 mm dick und von grünlichgelber Farbe. Vermutlich waren die grossen Fensterrahmen durch hölzerne Zwischensprossen in kleinere Felder geteilt und diese dann mit Bleiverglasung ausgefüllt. — Immerhin

mag der Verschluss dieser grossen Fensteröffnungen dem Baumeister viele
Mühe und Sorge verursacht haben, und gewiss sind öftere Reparaturen bei
den damaligen Konstruktionsmitteln unausbleiblich gewesen. — Um diese zu
bewältigen, war eine sehr sinnreiche Konstruktion angebracht. Die oben
erwähnten Kontrolträger waren mit einer Platte überdeckt und bildeten so
je einen kleinen Balkon. Damit die Platte in ihrer Lage gesichert blieb
waren die Konsolträger auf ihrer inneren Seite mit 7 cm tiefen Falzen ver-

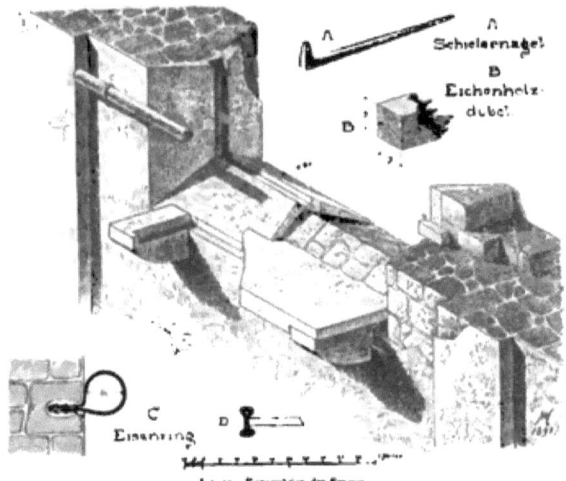

Fig. 33. Konstruktion der Fenster.

sehen, die aber vornen wieder geschlossen waren und dadurch ein Ver-
rücken der Platten verhinderten (siehe Fig. 33).

In Brüstungshöhe über den Konsolen je etwas auf die Seite gerückt,
befinden sich die ebenfalls schon erwähnten eisernen Ringe, 11 cm im Lichten
weit, aus Flacheisen von 25 mm Breite und 7 mm Dicke geschmiedet (siehe
C Fig. 33). Die gleichen Ringe waren zu beiden Seiten der Fenster der
Mittelschiffslangwände angebracht. Wurden nun die Fensterbalkone durch
Bretter verbunden und durch die eisernen Ringe Rundhölzer gesteckt, so
hatte man von den westlichen Hauptürmen aus über das Seitenschiffdach,

den Fensterbalkonen entlang, in dieser Höhe einen Weg beinahe um die ganze Kirche. Die Brüstungsstangen in den eisernen Ringen dienten eines-teils zum Halt beim Begehen dieses luftigen Weges, andernteils wohl auch zum Anbinden von Leitern oder kleineren Gerüsten, welche bei den Arbeiten an den Fenstern nötig waren.

Ein Blick auf Taf. II macht ersichtlich, wie leicht man von dem zweiten Geschosse der Haupttürme auf die Seiten-schiffdächer gelangen konnte.

Von den erwähnten Ringen sind noch über ein Dutzend am Bau vorhanden; sie sind mit einer schwarzen Oxyd-haut überzogen und zeigen keinerlei Spuren von Rost. Sie sind überhaupt so erhalten, als wären sie erst vor kurzer Zeit eingesetzt worden. Die sorgfältige Einbleiung dieser Ringe verdient besonders ge-rühmt zu werden. Die Löcher in den Steinen sind ellip-soidförmig ausgehauen, und das eingegossene Blei ist so sorgfältig verstemmt, dass heute noch ein solcher Ring nur durch Zertrümmerung des Steines herauszubringen ist.

Vom Inneren der Kirche sind in konstruktiver Bezieh-

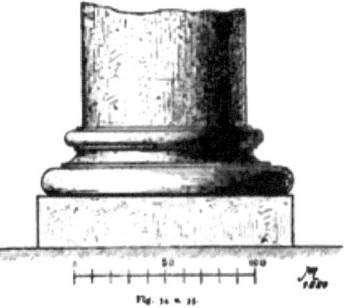

Fig. 34 u. 35.

ung zunächst noch die 9.91 m weit gespannten Triumphbögen der Vierung zu erwähnen. Drei davon waren aus Werksteinen im Verband gemauert, die Scheitelstärke betrug 61 cm. Der östliche, noch jetzt bestehende, ist mit Quadersteinen, die alle die ganze Leibungsbreite zur Länge haben, gewölbt; seine Scheitelstärke beträgt nur 40 cm.

Der Fussboden der Kirche war mit Sandsteinplatten belegt, den oberen Abschluss bildete eine gerade Holzdecke. Einige angekohlte Balkenköpfe aus Eichenholz fanden sich auf dem Kamme der östlichen Querhausmauer noch vor. Die Turmdächer waren sicher aus Holz konstruiert, da die Ordensregel den Benediktinern die Anwendung steinerner Turmhelme untersagte. Hiermit sind nun alle konstruktiven Elemente vollständig klargestellt. In formaler Beziehung ist noch auf die schöne Form der Säulen des Langhauses hinzuweisen, deren Kapitäle[1] ebenso wie die attischen Basen sich durch besonders gute Proportionen auszeichnen (siehe Fig. 34 und 35).

Schliesslich sei noch auf die prächtigen, wahrhaft monumentalen Raumverhältnisse des Innern der Kirche aufmerksam gemacht, deren imponierendem Eindruck sich kein Besucher der schönen Ruine wird entziehen können. Beim Betreten des Langhauses durch die Vorhalle kommen die gewaltigen Verhältnisse ganz besonders zum Ausdruck. Auch die schöne Gestaltung der Choransicht (s. Tafel VII) verdient besonders gerühmt zu werden.

Von den übrigen Bauten aus der romanischen Periode ist sehr wenig erhalten, nämlich nur drei kleine, an die Nordseite des Querhauses anstossende, gewölbte Räume, sowie noch ein zugehöriges Façadenstück, von welchem noch fünf Fensteraxen stehen (vergl. Tafel III sowie das Detail Fig 36). An diesem Façadenreste finden sich, ebenso wie am nördlichen Seitenschiffe, noch eine Anzahl alter Konsolsteine vor (vergl. Grundriss Tafel III c—d sowie Seitenansicht Tafel IV), welche offenbar zur Aufnahme der Wandpfetten des ehemaligen hölzernen Kreuzganges dienten. Als letzte der romanischen Architekturen ist noch der grosse Brunnen im Abtsgarten zu erwähnen (vergl. Fig. 37 und 38). Über die Entstehungszeit desselben ist nichts bekannt; dass dem Abte Martin Rebstock die Wiederherstellung desselben zugeschrieben wird, ist oben S. 32 bereits angeführt. In technischer Hinsicht ist der Brunnen eine bedeutende Leistung, da er 88 m tief durch den Fels getrieben ist.

[1] In den Aufnahmen von Geyer und Ostin sowie von Hübsch sind die Kapitäle ohne Abakusplatte dargestellt, jedoch zweifellos unrichtiger Weise; denn abgesehen davon, dass die dadurch entstehende Form unschön und in keinem Einklang mit den Kapitälen der Krypta, der kaiserlichen Loge und der Vorhalle zu bringen wäre, ist jeder Zweifel dadurch beseitigt, dass an den mit den Säulen korrespondierenden Atten die Abakusplatten noch vorhanden sind. Der Irrtum genannter Autoren rührt wohl daher, dass die Abakusplatten der grossen Säulenkapitäle nicht aus einem Stück mit dem unteren Teile der Kapitäle — dem eigentlichen Würfel — gearbeitet sind, wie dies bei den kleineren Kapitälen der Krypta und der Vorhalle der Fall ist, sondern dass in Anbetracht ihrer ausserordentlichen Grössenverhältnisse Abakusplatte und unterer Teil der Würfelkapitäle je aus einem besonderen Stück Stein hergestellt wurden.

Betrachten wir nun die Bauten gotischen Stiles, so ist als bedeutendster derselben der noch bestehende südliche Treppenturm nebst einem anstossenden Stück Façade zu nennen (vergl. Fig. 10 und Fig. 23). Über die Entstehungszeit dieses Turmes ist leider nichts bekannt; seinen einfachen frühen Formen nach möchte man ihn dem XIV. Jahrhundert zuschreiben. Und doch widerspricht dieser Auffassung der Umstand, dass die Steine dieses

Façadenrest der Sakristei

Fig. A

Turmes nirgends Spuren des Brandes zeigen, die doch ganz unvermeidlich wären, da unmittelbar neben ihm der eine Hauptturm abbrannte.

Wenn, wie einige annehmen, der gotische Treppenturm und das anstossende Stück Westfaçade von einem vor dem grossen Brande beabsichtigten gotischen Umbau der Kirche herrührte, so wäre doch ganz gewiss die West-façade an jener Stelle gleichmässig abgebrochen und in gotischen Formen erneuert oder vorgeblendet worden. Statt dessen sehen wir, dass an jener Stelle im ersten Geschoss die alte romanische Architektur noch intakt besteht, dann daneben treppenförmig nach der vorhandenen Bruchlinie die gotischen Quader an das stehen gebliebene romanische Gemäuer angemauert sind; ja im zweiten Geschoss ist noch die Hälfte des romanischen Fensters mit halbem Rundbogen sichtbar, in welches die neuen gotischen Quadersteine hineinbinden (vergl. Fig. 23).

Fig. 33. Brunnen im Abteigarten.

Man muss deshalb zu der Überzeugung gelangen, dass diese gotische Ecke trotz ihrer frühen Formen erst von einem späteren, nach dem grossen Brande

Fig. 38. Grundriss des Brunnens.

begonnenen Wiederaufbau der Kirche herrührt. Nach Lehmann hat Abt Wernher Breder von Hohenstein beim Wiederaufbau der Kirche an deren südwestlicher Ecke begonnen und diesen Teil auf alten Fundamenten i. J. 1515 vollendet.[1] Es dürfte deshalb der Turm wohl jener Periode zuzuschreiben sein. An äusseren Merkmalen sind zwar eine Anzahl Steinmetzzeichen vorhanden

[1] In dem Fladischen Manuskripte Cod. Heid. 364 Nr. 43 befindet sich die Zeichnung einer grossen Steinplatte mit dem Wappen des Abtes Wernher Breder von Hohenstein und der Jahreszahl 1515, welches an jener Stelle gewesen sein soll. Ebenso bringt Lehmann in seiner Geschichte des Klosters Limburg die Zeichnung eines Wappens der Hohensteiner, welches auf dem Schlussstein eines Spitzbogens angebracht war; links ist dasselbe von einer Bischofsmütze, rechts von einem Abtsstabe umgeben.

(s. Fig. 33), doch können diese keinerlei näheren Aufschluss geben. Wichtiger
erscheint schon ein technisches Merkmal, nämlich kleine runde Löcher, ungefähr
auf der Mitte der Gesichtsfläche eines jeden Quadersteines, welche beweisen, dass
man in jener Zeit die Steine nicht mehr mit dem „Wolf," sondern mit einer
Zange versetzte. Der Gebrauch dieser Zangen tritt aber unseres Wissens erst
im XV. Jahrhundert auf[1] und ist also mindestens ein Beweis dafür, dass jener
Bauteil noch nicht aus dem XIV. Jahrhundert stammen kann.

Von weiteren gotischen Bauteilen an der Kirche sind noch die Reste einer
kleinen zweigeschossigen Kapelle zu erwähnen, welche in den südwestlichen

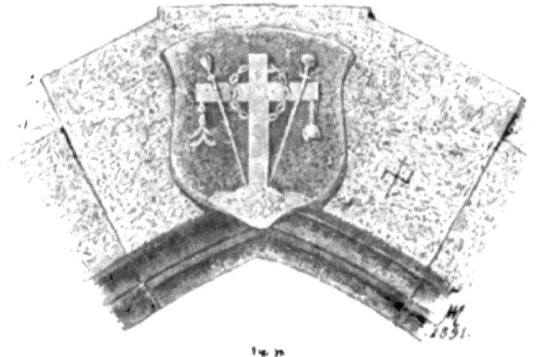

Fig. 38

Teil des Querhauses eingebaut war, siehe Tafel III, ferner die schon oben
S. 31 erwähnte, von Abt Siegfried von Bergen erbaute Abschlusswand unter
dem Triumphbogen des Chores, sowie damit zusammenhängend, das Einsetzen
von gotischen Masswerkfenstern in die alten romanischen Fensteröffnungen
des Chores (vergl. Fig. 34).

Auf dem Schlusssteine der mittleren Spitzbogenöffnung jener Abschlusswand ist das Limburger Wappen, das heilige Kreuz mit der Dornenkrone be-
kränzt, auf einem „Dreiberge" in Stein ausgehauen (vergl. Fig. 39).

Die noch vorhandenen Teile der Klostergebäude sind mit Ausnahme
des bereits angeführten Façadenmauerwerkes der Sakristei, bezw. des Kapitel-

[1] In Maulbronn erscheinen diese Zangenlöcher zuerst an dem im Jahre 1441 erbauten sogen.
Hexenturme

77

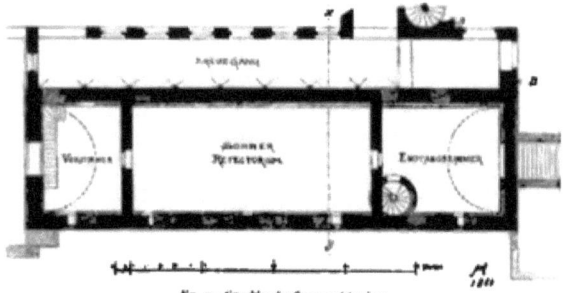

Fig. 20. Grundriss des Sommerrefektoriums.

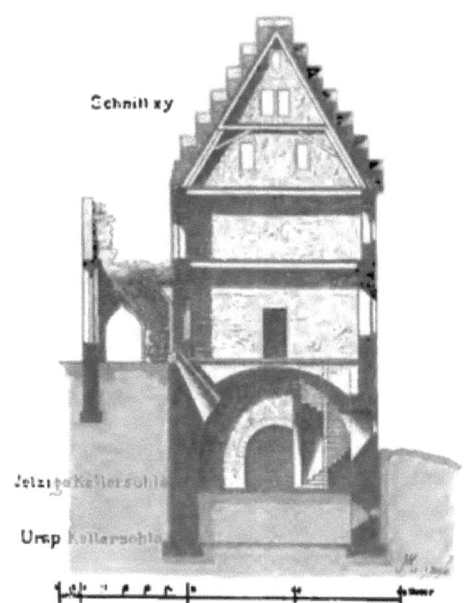

Schnitt xy

Jetzige Kellersohle

Ursp. Kellersohle

Fig. 21. Durchschnitt des Sommerrefektoriums.

86

saales alle gotischen Stiles, nach dem grossen Brande entstanden, aber alle später wieder zerstört worden.

Der bedeutendste dieser Bauten war das Sommerrefektorium mit dem darüber liegenden Dormitorium (vergl. Taf. III sowie Fig. 10 bis 13), von welchem noch ziemlich gut erhaltene Reste vorhanden sind. An dem Westgiebel befand sich der Haupteingang zu den Gebäuden der Konventualen, während eine Menge von Schutthügeln und Mauerresten ausserhalb, also westlich von diesem Zugange, bezeugen, dass sich dort, wie in anderen Klöstern, die Fruchtspeicher, Gebäude der Laienbrüder, Handwerker etc. befanden. — Das Sommerrefektorium bestand im ersten Geschoss aus einem mittleren grösseren Raume, dem Speisesaal, dessen Wände etwa 2 m hoch getäfelt waren, wie dies aus Nuten in den Wänden hervorgeht. Westlich dieses Saales lag ein kleines, annähernd quadratisches Zimmer, welches durch zwei Thüren mit dem vorliegenden Gange verbunden war.[1]

Zwischen diesen beiden Thüren befand sich, innerhalb des Ganges, ein zweiter Abschluss. Diese Anlage erklärt, dass das eben genannte Zimmer das Empfangs- und Wartezimmer war. Der Besucher trat durch die äussere Thüre in den abgeschlossenen Teil des Ganges und von da in das Wartezimmer. Während er hier seine Kleidung ordnete, auch wohl Erfrischungen bekam, wurde er bei dem Abte gemeldet und dann durch die zweite Thüre in den inneren Gang, den sogenannten Kreuzgang, und so überhaupt in das Innere des Klosters geleitet. Östlich vom Speisesaal lag ein kleiner Raum, das Vorzimmer zum Speisesaal, welches wohl gleichzeitig als eine Art Anrichtezimmer benutzt wurde, da es auch mit den östlich gelegenen Haushaltungsräumen, der Küche etc. in Verbindung stand. Von diesem Vorzimmer aus führte eine schmale gerade Treppe in den darunter liegenden Weinkeller; ebenso war das Empfangszimmer durch eine Wendeltreppe mit dem Keller verbunden (vergl. Fig. 10).

Letzterer hatte von der Westseite her noch einen direkten Eingang, dessen noch vorhandene Treppe durch ihre Breite bezeugt, dass hier die grossen Weinfässer eingebracht wurden. Der Keller ist mit einem halb-

---

[1] Die eine dieser Thüre wurde gelegentlich der in der Einleitung erwähnten, im Jahre 1888 vorgenommenen Restaurationsversuche zugemauert und zwar bündig mit dem Mauerwerk, so dass schon jetzt nach wenig Jahren die Stelle kaum mehr zu sehen ist; dasselbe Schicksal trifen noch mehrere kleinere Öffnungen. Bei der gleichen Gelegenheit wurden auch die steinernen Gewände und Bogeneinfassungen zweier Thüröffnungen des Kreuzganges und der drei Öffnungen in der Chorabschlusswand der Küche erneuert, aber leider auf eine wenig befriedigende Weise.

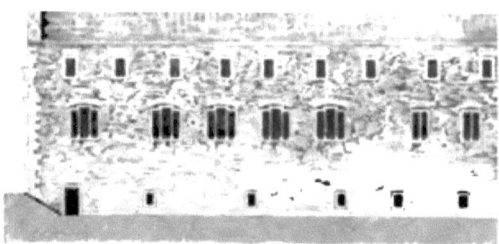

Fig. 41. Nordfaçade des Sommer-Refektoriums.

Fig. 43. Westgiebel des Sommer-Refektoriums.

kreisförmigen Tonnengewölbe aus Bruchsteinen überspannt. Der jetzige Fussboden ist durch Schutt gebildet; etwa 2,5 m tiefer fand sich ein älterer Fussboden, der mit gebrannten Thonplättchen belegt war (vergl. Fig. 41). Im zweiten Geschoss dieses Baues befanden sich die Mönchszellen.

Die äussere Architektur ist, wenn auch einfach, so doch recht wirkungsvoll; die Bestimmung der inneren Räume namentlich kommt durch die Verschieden-

Fig. 44. Segmentbogenfenster am Westgiebel des Sommer-Refektoriums.

artigkeit der Fensterbildungen im Äusseren recht charakteristisch zum Ausdruck (vergl. Nordfaçade Fig. 42). Der Westgiebel war weniger streng und gebunden behandelt und vor allem durch ein grosses segmentbogenförmiges Fenster (vergl. Fig. 43 und 44), sowie einen Erker ausgezeichnet. Von letzterem ist nur noch der mit einem Wappen verzierte Anfangskonsolstein vorhanden (vergl. Fig. 43 sowie Fig. 45). Dieses Wappen ist geeignet, über die Entstehungszeit jenes Baues Aufschluss zu geben.[1] Zwei heraldische

[1] Nachfolgende heraldische Untersuchungen verdanken wir einer gütigen Mittheilung des Herrn

Löwen, an denen trotz ihrer Verstümmelung Kopf, Mähne und übergeschlagener Schweif deutlich erkennbar sind, halten den Wappenschild. Dieser ist „geviert." Feld zwei und drei zeigen das Limburger Wappen, das von der Dornenkrone umgebene Christuskreuz auf einem „Dreiberg." Feld eins und vier zeigen eine fünfblätterige Rose auf geviertem

Fig. 13. Erkerkonsolstein am Westgiebel des Summer Klosterbaues

Schilde, das Familienwappen des Abtes Apollo von Vilbel, von dem wir ja wissen, dass er den Bau der Klostergebäude eifrig förderte (s. oben S. 31). Von den diese heraldische Rose umgebenden vier Feldern sind zwei etwas erhaben, die zwei andern etwas vertieft; es ist dies die alte übliche Darstellung für Farben, wobei die tiefer liegenden Flächen Silber oder Gold, die erhabenen Schwarz oder Rot bedeuten. Ein weiteres Wappen befindet sich gleich um die Ecke über dem Schlusstein des Thür-

Karl Emich Graf zu Leiningen-Westerburg; siehe auch dessen Mitteilung im Correspondenzblatt der Westdeutschen Zeitschrift für Geschichte und Kunst, Jahrgang VIII, 1. Februar 1889 S. 53 ff.

eingangs neben der Wendeltreppe, die zum Dormitorium führte (bei A. Fig. 40). Es stellt dies einen gekrönten zweischweifigen Löwen unter „Schildeshaupt" dar, das Wappen des Geschlechtes Bock von Erpfenstein (s. Fig. 46).

Die Form des Löwen deutet auf das XIII. bis XIV. Jahrhundert; es wird also nicht von dem Abte Johann Bock von Erpfenstein 1411—1438), sondern von einem älteren Ahnherrn dieses Abtes herrühren, der entweder dem Kloster irgend eine Stiftung gemacht hatte oder vielleicht dort begraben war. Dieser Wappenstein hat ein sehr altertümliches Aussehen und unterscheidet sich von andern Steinen auch dadurch, dass er in gelblichgrauem Sandstein ausgeführt ist, während sonst auf der Limburg nur roter Sandstein zur Verwendung kam. Die Vermutung liegt daher nahe, dass jenes Wappen von einem früheren, noch romanischen Bau stammt und beim Wiederaufbau als Erinnerungszeichen wieder eingemauert wurde. Bis zum Jahre 1888 befand sich dasselbe unmittelbar in der Ecke bei A Fig. 40 und war nach guter alter Sitte links geneigt (heraldisch genommen). Bei jenen mehrerwähnten Restaurationsversuchen hat man es zwecklos von seinem Platze entfernt und in stilwidriger Weise senkrecht auf die Schildesspitze gestellt.

Fig. 46. Alter Wappenstein.

Die Südseite des Gebäudes wird im ersten Geschoss durch den Kreuzgang eingenommen. Seine Architekturformen sind aus Fig. 47, 48 und 49 zu ersehen. Vermutlich war dieser Gang ursprünglich nur mit Gebälk abgedeckt, seine später in Angriff genommene Überwölbung aber nicht zur Vollendung gekommen. Die Wanddienste mit Gewölbrippenanfängern Fig. 47 sind allem Anscheine nach später in eine schon vorhandene (vielleicht noch vom romanischen Bau her bestehende) Mauer eingesetzt worden; auf der gegenüberliegenden Frontwand ist keine Spur von Gewölbeanfängern zu finden.

Von dem am westlichen Ende des Kreuzganges rechtwinklig anstossenden Winterrefektorium ist wenig erhalten und wenig zu sagen; es steht mit dem Kreuzgange durch einen kleinen Vorplatz in Verbindung, von welchem aus man auch die zu den Schlafzellen der Mönche führende Wendeltreppe betritt. Der kleine Raum zwischen dieser Treppe und dem Winterrefektorium enthielt die Heizvorrichtung, von welcher obere Wärmeausströmöffnungen noch sichtbar sind. Am Boden dieses Raumes wurden im Schutte glasierte

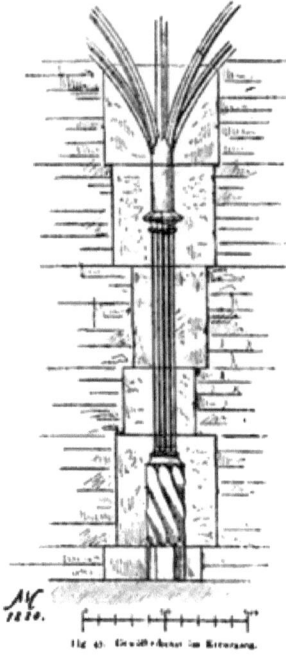

Wandkacheln gefunden. Die Reste eines Schornsteines und einer Verbindungsöffnung (zum Durchreichen von Speisen) charakterisieren den westlich vom Winterrefektorium liegenden Raum hinlänglich als Küche.

Von allen sonstigen Klosterbauten sind nur noch Grundmauern vorhanden; die Bezeichnungen Sakristei, Kapitelsaal und Abtswohnung auf Taf. III sind auf ähnliche Klosteranlagen gegründete Annahmen. An einem besonderen Krankenhause im Abtsgarten wird es auch nicht gefehlt haben, mindestens sind die Spuren von weiteren Gebäuden in demselben nachzuweisen, vergl. Tafel III und Fig. 29.

Zur Vervollständigung des Gesamtbildes sind in Fig. 50 noch die bemerkenswertesten Steinreste, die gegenwärtig in der Krypta aufbewahrt sind, wiedergegeben. Man sieht aus den Bruchstücken, dass die ehemaligen romanischen Klosterbauten mit einer reich ornamentierten, reizvoll durchgearbeiteten Architektur versehen waren.

Fig. 49. Gewölberist im Kreuzgang.

Inschriften weist die Ruine wenige auf. In der Mitte der Fig. 50 erscheint die S. 32 erwähnte alte Originalplatte, welche Abt Siegfried von Bergen in die Chorabschlusswand einsetzen liess.[1] Dicht darunter liegt ein

---

[1] Dieselbe wurde vor mehreren Jahren von einem noch Reste vorhanden Schutzglase zertrümmert, an deren Stelle aber eine mit gleichlautendem Text versehene neue wieder eingesetzt.

Bruchstück von einer Grabplatte des Abtes Adelbert. Rechts davon befindet
sich ein Stein mit der Jahreszahl 1503 und den verschlungenen Buchstaben
M und W, dem Monogramme des Abtes Machar Weys. Links unten
liegt ein Stück, auf dem nur noch Fragmente einer Inschrift zu lesen sind.

Fig. 48 Masswerkfenster im Kreuzgang

Ferner ist in der östlichen Umfassungswand der Krypta die erst vor einigen
Jahren aufgefundene Grabplatte des Abtes Gumbert (1033) eingemauert mit
folgender, in Fig. 51 Facsimile wiedergegebenen Inschrift:[1]

Aecclesi(a)e specimen, clero memorabile nomen
Hic Gumberte tuus funeris est tumulus.

[1] Wir verdanken die Entzifferung dieser in Distichen abgefassten Grabschrift der Güte des Herrn
Prof. Dr. Zangemeister in Heidelberg.

Hujus c(o)enobii qui tertius abba fuisti,
   Cujus frater adhuc (h) actenus ut stat opus,
Fundamenta jacis, qu(a)e pastor post de[c]o[r]asti
   Moribus et vita . . . . . .
               Zu deutsch:
   Du Muster der Kirche, dem Clerus denkwürdiger Name. Hier o Gunsbert
ist der Hügel deiner Leiche, der du der dritte Abt dieses Klosters gewesen
bist, zu dem du schon als Bruder (Mönch) die Fundamente legtest, so weit
das Werk steht, welches du später als dessen Oberhirte durch deine Sitten
und dein Leben geschmückt hast . . . .

Fig. 52. Thüröffnung im Kreuzgang.

   Charakteristisch für das hohe Alter dieser Grabschrift ist die Ver-
mischung von Kapital- und Uncialschrift. Endlich ist noch eine Inschrift zu
erwähnen, welche an den Kapitälen des noch stehenden Triumphbogens
angebracht ist, und zwar an den nach dem Chor zu gelegenen Seiten
(s. Fig. 52). Dieselbe ist infolge einer falschen Lesart die Grundlage einer
grösseren Abhandlung in dem Korrespondenzblatt des Gesamtvereines der
deutschen Geschichts- und Altertumsvereine geworden, die ganz und gar mit
allen ihren Folgerungen als irrig bezeichnet werden muss.[1]
   Fig. 53 giebt eine Anzahl Steinmetzzeichen wieder, von denen die
der oberen Reihe und das letzte der unteren Reihe am Turme, die übrigen

   [1] In No. 2 vom Februar 1890 dieser Zeitschrift erläutert Mehlis diese Inschrift durch Zeichnung.
Das erste Zeichen der oberen Reihe in Form einer 7 erklärt denselbe für ein A und in der unteren

Fig. 30. Verschiedene in den Krypta aufbewahrte Bruchstücke.

Fig. 31. Grabplatte des Abtes Gumbert 1931.

an den anderen Klosterbauten vorkommen. Interessant ist, wie die einfache Architektur des Turmes auch einfachere Steinmetzzeichen aufweist.

Zum Schlusse sei noch erwähnt, dass dem Kloster Limburg drei Nonnenklöster in nächster Nähe unterstellt waren, nämlich die Klöster Schönfeld, Hausen

Fig. 51. Inschrift am nordösl. Vierungspfeiler vom Chor aus gesehen

und Seebach. Die beiden ersten sind vollständig vom Erdboden verschwunden von der Kirche des letzteren sind jedoch noch sehr interessante Reste —

Zeile liest er statt N: R: 53 — 11 R 53, bezieht dieses auf den Abt Rupert und das Jahr 1153 und knüpft nun daran die Behauptung, dass hiermit die älteste Jahreszahl in arabischen Ziffern auf deutschem Boden gefunden sei; er sucht dies damit zu erklären, dass in der Provence angesiedelte Sarazenen die arabischen Ziffern in Burgund verbreitet hätten, von wo aus deren Kenntnis durch Cluny nach der Limburg verpflanzt worden sei — Wie Fig. 53, welche die getreue Wiedergabe einer photographischen Aufnahme ist, beweist, hat Mehlis fragliche Inschrift falsch gelesen. Die untere Zeile bringt nicht 11 R 53, wie derselbe angiebt, sondern N: R: 53 und hiermit werden alle von ihm an seine irrige Lesart geknüpften Folgerungen von selbst gegenstandslos. Das gleiche gilt von der Inschrift unter dem gegenüberliegenden Kapitäl derselben Breite, welche in der angeführten Abhandlung ebenfalls irrig angegeben ist, und welcher Mehlis eine ebenso unzutreffende und künstliche Interpretation hat angedeihen lassen. Die Bedeutung dieser Inschriften muss vorderhand dahin gestellt bleiben; möglich, dass sie sich auf einen Bibelspruch oder eine Ehrung für einen Schenker bezog. Sicher aber ist, dass die Ziffern ihrer Gestaltung nach niemals aus dem XII. Jahrhundert stammen können, sondern erst dem XVI. Jahrhundert angehören. Vergl. hierüber Wattenbachs Anleitung zur lateinischen Paläographie IV. Auflage S. 71 und S. 103. Auch ein Vergleich mit den aus dem Jahre 1503 stammenden Monogrammstein des Abtes Markus Weys, s. Fig. 50, bestätigt dies ganz zweifellos.

89

Chor und Querhaus mit Vierungsturm — vorhanden, welche gegenwärtig noch gottesdienstlichen Zwecken dienen.

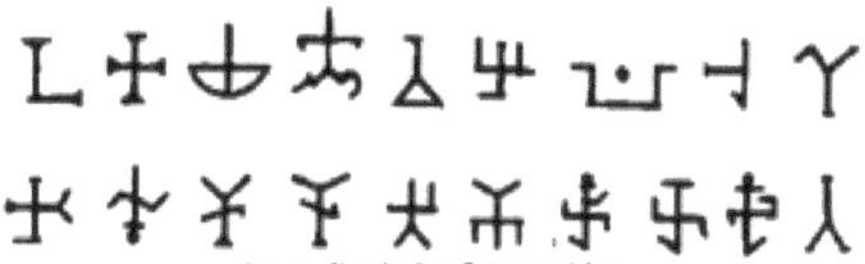

Fig. 33. Verschiedene Steinmetzzeichen.

Die sehr hübsche Architektur (s. Fig. 54) stammt aus dem XII. Jahrhundert und gehört der Wormser Schule an. In den allerjüngsten Tagen

Fig. 54. Ansicht der Klosterkirche zu Seebach bei Dürkheim a./H.

wurde gelegentlich der Reparatur einer in unmittelbarer Nähe gelegenen Brunnenstube eine grosse Zahl guterhaltener Grabplatten und schöner romanischer Kapitäle etc. zu Tage gefördert, so dass eine genaue Durchforschung und eingehende Untersuchung dieser Fundstücke eine reiche Ausbeute verspricht.

Nachträge.

a) Durch die Güte des Herrn Galeriedirektors Roux dahier gelangten wir nachträglich in den Besitz einer im Jahre 1819 vom † Prof. J. Roux zu Heidelberg gezeichneten Skizze von der Limburg. Von der Hartenburger Fahrstrasse aus aufgenommen, zeigt dieselbe die noch mehrere Geschoss hohen Reste des nördlichen Hauptturmes, sowie eine Seite des Vierungsturmes, und bietet daher eine weitere Bestätigung des oben, S. 60, 67 und 69 Gesagten.

b) In dem Bogenfelde auf der inneren Seite der Haupteingangsthüre der Kirche befindet sich zur Zeit eine aus Sandstein gehauene Reliefplatte — die Muttergottes mit dem Jesuskind darstellend — eingemauert, deren Herkunft unbekannt ist. Sie wurde im Jahre 1886 am Fusse des Berges aufgefunden und zu ihrem Schutze an die bezeichnete Stelle verbracht.

c) Die Seite 86 und 87 erwähnte Grabplatte des Abtes Gumbert, sowie verschiedene andere Schriftplatten, deren Fragmente in der Krypta aufbewahrt sind, sind nicht aus rotem, sondern aus grünlich grauem, ziemlich feinkörnigem Sandstein hergestellt.

d) Die verschiedenen Citate aus Schnaases „Geschichte der bildenden Künste im Mittelalter" beziehen sich auf die zweite Auflage des genannten Werkes.

Berichtigungen.

S. III Z. 2 von unten lies S. 60—81 statt S. 60—98.

„ 10 „ 6 von oben lies Fig. 39 statt Fig. 36.

„ 12 „ 7 von unten lies Bruchköbel statt Bruchköbel.

„ 14 „ 16 von oben lies Spanheim statt Spanheim.

„ 36 „ 6 von unten lies Otto'f (1035—1059) statt Otto'f S. 1035· 59.

„ 68 „ 1 von oben lies am gotischen Turm statt am gold. Turm.

„ 71 „ 8 von unten lies angebrannt statt abgebrannt.

„ 89 „ 5 von unten lies bezogen statt bezog.

URG A.D. HAARDT.

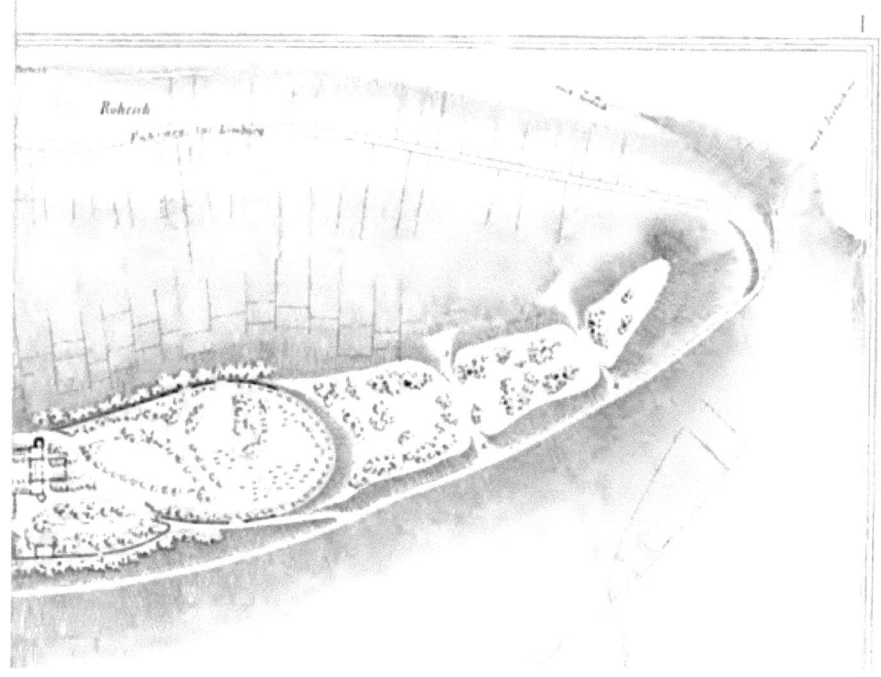

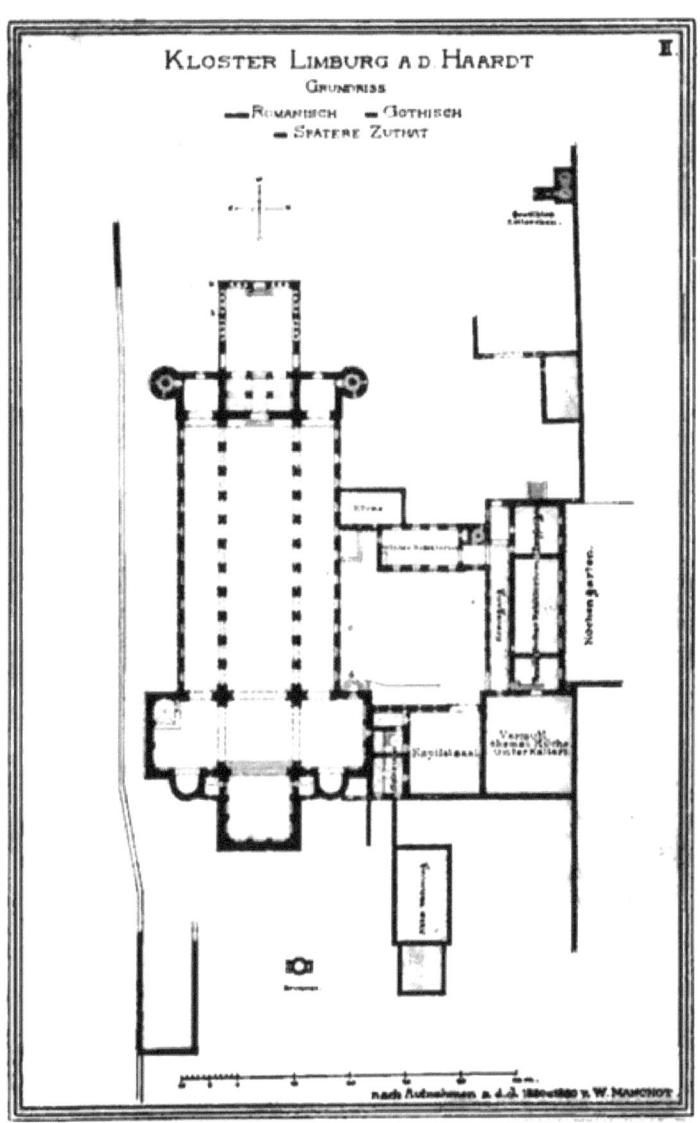

KLOSTER LIMBURG A.D. HAARDT

GRUNDRISS

— ROMANISCH — GOTHISCH
— SPÄTERE ZUTHAT

nach Aufnahmen a.d.J. 1880 u.1880 v. W. MANCHOT

II

Ansicht gegen Osten.   Ansicht gegen Westen.

SCHNITT DURCH DAS QUERSCHIFF

...BG AD HAARDT.

nach eigenen Aufnahmen gezeichnet von W. MANCHOT.

QUERSCHNITT GEGEN DEN CHOR.

A D. HAARDT.

URG ᴀᴅ Haᴀʀᴅт.

᷼ᴄʜɴɪᴛᴛ

nach eigenen Aufnahmen reconstruiert von W. Manchot.

Kirche zu Paaren.